# 老いと創造

## 朦朧《モーロー》人生相談

横尾忠則



講談社現代新書

2728

# まえがきのようなもの

僕は若い頃から、誰かに相談したいと思うことをたくさん抱えて生きてきました。日々の生活から創造のことまで、聞きたいことは山ほどあれど、誰に質問したらいいのか分からない。相談する相手がいなかったんですね。だからずっと、自分で立てた問いに自分で答える、という自問自答の人生相談を繰り返してきました。だけど、実は確かな答えなんて分からず、朦朧《モーロー》としたまま八十七年間やってきたように思います。

そんな僕に、人様《ひとさま》の人生相談にのって、答える資格なんてありません。だから、それぞれの相談に僕なりに考えて回答しつつも、結局は「考え方は人それぞれです。ご自分の気分で決めてください」というのが最終的な答えとなっています。

流れずに滞った水は、その場でじわじわと腐っていきます。悩みも同じです。悩みとは、心のなかに溜まってできてしまった澱《おり》のようなもので、それを吐き出せば悩みの大部分は解決します。ですから、僕の役割は、ある種の無責任さを持ちながら、人の悩みという汚染物を掻き出して、流してあげることでした。

座禅をするとよく分かるのですが、黙って座っていると、ありとあらゆることが脳裏に浮かんできます。旅行に出かけたときのことや、子どもの頃の心配事、かつてしてしまったことへの後悔など、ふだんは忘れているようなことまで思い出します。暇なときほど悩みを作り出してしまうという経験は、誰にでもあるのではないでしょうか？　これらはすべて雑念です。雑念にとらわれず、流していくことが修行です。

今回はまさに、禅の修行をしているような感じでした。相談する側は、質問を投げかけるだけで心のなかの汚染物が流れ出ます。僕はそれを受け止め、さらに流していく。そうすることで、その人のなかの水はいつのまにか浄化されていく。人生相談は、水を淀むことなく流していく作業と同じなのです。

悩みが滞ることでいちばん怖いのは、最終的に「死」と結びついてしまいかねないことです。現代のさまざまな生き方のなかでは、なかなか流れていかない悩みもあります。その悩みから逃れたくて、じゃあもう面倒くさいからと、死に結びつけてしまうのです。ですが、死んだからといって悩みから逃れられるわけではなく、死後や来世に、さらに大きな問題となってあらわれます。死ねば終わり、ではないのです。だから、生きている間に悩みを流してしまうために、どんどん相談すればよいのです。

今回面白かったのは、寄せられた質問のなかに、「これは僕のなかにもある、まだ解決していない問題だな」というものがたくさんあったことです。この場合は、相談に答えるふりをして自分事として考えていました。

僕の答えは、万人に当てはまるものだとは思いません。違う人に相談したら、きっとまったく違う答えが返ってくるでしょう。なので、すべての回答の頭に、「例えば」を入れて読んでもらえるといいんじゃないかと思います。そもそも、悩みに対する明確な答えなんてないんです。本書でお読みいただくのは、たまたま僕のところに届き、たまたま僕が答えたものです。ぜひ、「例えば」を付けて読んでください。

また、回答のおまけとして、絵を提示しました。僕の作品は、悩みの結果として生まれたものです。作品を見て、その人が抱えている悩みと僕の作品がシンクロニシティ（共時性）を起こして、悩みが解消されるということが起きるかもしれません。

絵を見て衝撃を受けるということがありますよね。それは、制作者の悩みと、見た人の悩みが一致して、共鳴したことによって起こります。共鳴することで、その人の悩みが流れていくのです。それが、絵の効用といわれるものでしょう。ですので、今回は絵も一緒に提示することで、言葉だけでは流せない悩みを感性によって解きほぐすということを試みました。

（つづく）

目次

衰えていく親との関係についてです。
どこまでケアして、どこからは見放すべきでしょうか？
「終の棲家」について迷っています。
長く住み続ける街、場所は、何を基準に選んだらよいですか？
「終活」が流行っていますが、どうすべきか悩んでいます。
横尾さんは終活されてますか？
横尾流「老い」てなお、愉しく生きる方法を教えてください。

# Ⅱ　死について

子どもの頃から死に恐怖を抱いています。
大人になった今も、死んで意識がなくなるのが怖いのですが。
横尾さんの作品には、死をテーマにしたものがとても多いですが、
それはなぜでしょう？
親しい人を亡くしました。心の整理がつきません。
時間が解決してくれるでしょうか？

愛猫が可愛すぎて、死んでしまうことが怖くてたまりません。
実際に死んでしまったら、耐えられないのではないかと今から不安です。
死ぬ瞬間のことを考えることが多くなりました。
横尾さんは、どこでどう死ぬか、イメージされていますか？
死後、生まれ変わりたいと思いますか？
また、生まれ変わったら何をしたいですか？

# Ⅲ　人間関係について

「ほんとうに友だちは必要ですか？」と聞かれたのですが、
答えに詰まってしまいました。横尾さんはどうお考えでしょう。
組織に属するのが嫌で、自分の会社を作ったのですが、
そこでもなぜか孤独を感じ、居場所がない気持ちになります。
どうすればよいでしょうか？
他人の意見より、自分の意見を大切にするようにしています。
しかし、他者への共感性と優しさが足りず、
人から避けられてしまうのではと心配です。

自分の内面の薄っぺらさに気づかれるのが怖くて、意見が言えません。
絵を描くことは、内面を曝け出す行為だと思いますが、
今まで怖さを感じたことはありませんか？

私は一人暮らしが長いのですが、やっぱり家族は必要でしょうか？
家族って何でしょう？

甥っ子が、学校でいじめに遭っていると聞きました。
何かできることはないでしょうか？

孤独が怖いです。どうすればよいでしょうか？

# Ⅳ 芸術について

たまに美術館に行って絵を見るのですが、
何が素晴らしいのかよく分からず、すぐ解説文を読んでしまいます。
絵の見方を教えてもらえませんか？

画家はなぜ、自画像を描きたがるのですか？
その心理がよく分かりません。

スペイン人の友人にダリが好きだと話すと、微妙な反応が返ってきました。
海外ではダリの話題は避けたほうが良いのでしょうか？

ミュージシャンの友人が多いそうですが、
画家と音楽家で何か共通点があるのですか？

プロになろうとは思いませんが、
絵やイラストを上手く描けるようになりたいです。
コツを教えてください。

アーティストは、自分が表現したいものを創作することが目的なのですか？
それとも、人の心に何か衝撃を与えたいと考えているのですか？

天才的な才能を持つアーティストに無条件に憧れます。
横尾さんが考える天才とは、どんな人でしょう？

迷ったとき、苦しんだとき、
「自分を支えた言葉」を教えてください。

# V　仕事について

独学で素晴らしい仕事をされている人を見ると、大学で学ぶことに意味はあるのかな、と感じます。横尾さんはどう思われますか？

どの仕事もそうだと思うのですが、手をかけるほど良いものになる気がして、ケリをつけられません。絵を描いているとき、「これで完成！」という瞬間は訪れますか？

転職を考えていますが不安です。横尾さんは転身されていかがでしたか？クライアントから依頼を受けて仕事をするデザイナーと画家では、仕事のやり方がだいぶ違うと思うのですが。

英語教師をしていますが、十年後、二十年後にはテクノロジーが進化し、私の職業は不要になるのではないかと心配です。

スピーチやプレゼンテーションをするのが大の苦手です。人前で話し始めると、自分が何を話しているのか分からなくなります。どうしたらよいかアドバイスをいただけませんか？

## Ⅵ　禅について　157

なんとなく避けていたのですが、最近、禅に俄然興味がわいてきました。
横尾さんは禅を、どう捉えていますか？
横尾さんの絵には仏教の影響があるように思いますが、
どのように学ばれたのですか？

## Ⅶ　自分について　165

休みが一年あったら何をしますか？
やりたいことがたくさんあったはずなのですが、最近、思いつきません。
人生を変えたいと思っています。
そこで、海外一人旅を考えていますが、どの国へ行けばよいでしょうか？
悪夢ではありませんが、変な夢を見ることがあります。
横尾さんは夢をどう解釈されていますか？

唯一無二のことを成したいと思っていますが、
同時にありふれた平凡な日々も望んでいます。
どうすれば非凡な存在になれますか？

私は器用貧乏タイプで、何をやってもそこそこ、
突き抜けることができません。
そんな自分に物足りなさを感じています。

私は瀬戸内海の島で生まれ育ちましたが、
どうにも田舎が好きになれません。
私はどこかおかしいのでしょうか？

好きな本は何かとよく訊かれるのですが、うまく答えられません。
これまでの人生で、心揺さぶられる小説に出会ったことはありますか？

私は打算的で冷たい人間です。
自分に利益がありそうかどうかで、人を判断してきました。
今からでも、ほんとうの友人やパートナーを作ることはできるでしょうか？

自分の人生は、暇つぶしに過ぎなかったのではないかという思いが、
最近ふつふつと湧いてきます。どう考えたらよいでしょうか？

新聞に「運命を感じたことはありますか？」という
アンケート記事が出ていました。
人生は運命次第なのでしょうか？
先日、占い師から聞きたくない未来を聞かされました。
どうすればよいでしょう？
最先端の科学をもってしても、いまだに見つかっていませんが、
宇宙には誰かいると思われますか？
私は運命のようなものに、まだ出会えてない気がします。
運命はそのうち自然と訪れるものなのでしょうか？



作品のクレジットは、作品名、制作年、技法・素材、サイズ（縦×横）、所蔵の順に記載しています。

作品選定・解説／平林 恵（横尾忠則現代美術館）
画像提供／株式会社ヨコオズ・サーカス、横尾忠則現代美術館、公益財団法人ＤＮＰ文化振興財団
編集協力／石田さやか

# I　老いについて

## 定年後、どうしたらよいか分かりません。居場所がなくなるのが怖いのですが。

会社勤めをして定年を迎えた経験がないので、よく分からないというのが僕の正直な感想ですが、そういえばある美術大学に教授として勤めていたことがあり、そのときに定年制度があることを知りました。

画家が本職で教育者としては素人同然、僕自身が大学に行った経験がないので、僕の絵と同様、まったくの我流で、技術的なことを教えるというような自信はありません。むしろ学生の作品を鑑賞することが僕の勉強で、先生と生徒の立場が逆転していました。

第一、大学という教育の場の組織や構造がどうなっているのかさっぱり分からず、他にも二、三の大学の客員教授を務めましたが、客員教授の場合はたまにレクチャーする程度で、教育という実感はなかったですね。

大学院の教授になったのがいつだったかよく覚えていませんが、定年まであと二年というところで、突然、大学を辞めてしまいました。理由は特になく、ある日、先生や学生を相手に何か話をすることになって、その話のなかで、「どうも僕は、教師というより学生のほうが向いているような気がします。教えるより教わる立場のほうが、僕には合っています」と言った後、思わず「なので、本日をもって大学を辞めます」と口が滑ってしまい、本当にその日を最後に辞めることになったのです。

さて、明日からどうしようか、と考えることもなく、生活の変化は収入がなくなったことだけでした。画家は毎日のように絵を描きますが、他の職業のように、仕事をしたらそれがそのまま収入になるということはありません。依頼されて絵を描くということは、画家の場合はほぼないのです。絵だけで生計を立てている画家はほとんどおらず、たいていは大学の先生をして収入を得ています。そういう意味では、僕も同じで、あと二年がんばれば退職金ももらえたのですが、僕のように衝動的に辞めた人間は退職金のことなど念頭になく、惜しかった、と笑って済ましてしまうような呑気《のんき》なところがありました。

さて、私ごとを書き過ぎましたが、一般サラリーマンの退職後の問題ですね。僕の周辺にもサラリーマンを辞めて、小さい出版社を起こしたり、何か特別なことはせず、退職金と年金だけで結構好きなことをしたりしている人もいます。その人たちは特別な野望もなく、好きな音楽を嗜《たしな》んだり、絵を描いたり、僕からすれば気楽な生活をエンジョイしているように見えます。

ご質問の「居場所がなくなる怖さ」とは、一体どういうことなんでしょうか。この方はまだ現役で、定年まであと何年かあるはずです。無責任な言い方かもしれませんが、現実になってから考えたらどうなんでしょう。現在はまだ空想の域で、取り越し苦労に過ぎないように思うのです。第一、ご心配の居場所などなくなることはありません。**生きている限り、今、自分の立っている場所が居場所です。**自分がその環境に置かれたときに考えればいいんじゃないでしょうか。病気でもないのに、あれこれ病気を想定して悩んでいるようなものです。

人間は運命に左右されます。運命に逆らうも良し、運命に従うも良し。悩みを解消したければ、いっそのこと運命に従って、自分自身を手放してみるのはどうでしょう。僕は運命に身をまかせるタイプで、なるようになるさと居直っていますが、面倒くさいのが嫌な僕にとっては、悩まないで生きる良い方法かなと思っています。

**運命** | 1997年
〈アクリル・布／227.3×181.8㎝／東京都現代美術館蔵〉

闇の中、橋を渡る少年と少女。無数の星や蛍の光、赤い靄（もや）は幻想的ながら、どこか不安を感じさせる。2人はどこへ向かっているのだろうか？

## 残りの人生、日記をつけたいと思っているのですが、いつも三日坊主です。日記を続ける秘訣はありませんか？

日記をつけたいと思ったら、そのときに日記をつける。それ以外に秘訣はありません。たとえ三日坊主でもいいじゃないですか。三日でやめても、いちおう日記をつけたという体験と記憶は残り、それが蘇《よみがえ》って、今度こそは長続きさせるぞ、と再び日記に挑戦するかもしれません。ほんとうに気になることは、何度も反復して同じ気持ちが起こります。そのうち、いつか本格的に日記を書くようになります。

僕は一九七〇年から今日まで、五十三年間ほぼ毎日日記をつけてきました。それ以前にも、年が変わるたびに何度も日記帳を買ってきて日記をつけ始めましたが、すぐ挫折して途中でほっぽり投げていました。そんな日記の残骸が、今も家のどこかに転がっているはずです。

僕が日記をつけ始めたのは、タクシー乗車中の追突事故の後遺症によって仕事を一年半休業したときに、病状と毎日の無為の時間を記録しようと思ったからです。気に入った日記帳を手に入れるのも良いでしょう。僕はイギリス製の日記帳に決めて、今では同じスタイルの日記帳が五十三冊たまっています。

日記はその日によって、たった一行のときも、一ページびっしり書く日もあります。僕は毎晩のように夢を見るので、それも書きます。だから夢日記にもなっています。また、長期の旅行をするときは必ず日記帳も携帯して、その間は旅日記として、地方の絵ハガキや旅先で入ったお店のカードなどを貼ったり、観光地のスタンプを押したり、神社の御朱印を押してもらったり、スケッチなどを描いたりして、自分だけのコラージュというか絵本でも作るつもりで愉しんでいます。別に絵など描かなくても、映画やコンサートや演劇のチケットの半券を貼るだけでも、けっこうビジュアルなページができます。

別にビジュアルでなくても、詩や俳句を書いたり、新聞や雑誌の記事を貼り付けたりしてもいいんじゃないでしょうか。

だけど日記を義務にしてはいけません。書くことのない日は白紙でもいいのです。自分で制約を作ってしまうと長続きしません。だから、日記を続ける秘訣は義務にしないことです。何日も白紙のままでもいいのです。

日記と同時にノートとしても利用しています。テレビから得た情報を日記にメモし

**日記**（1993年7月4日～5日）
〈インク、コラージュ・印刷された紙／作家蔵〉

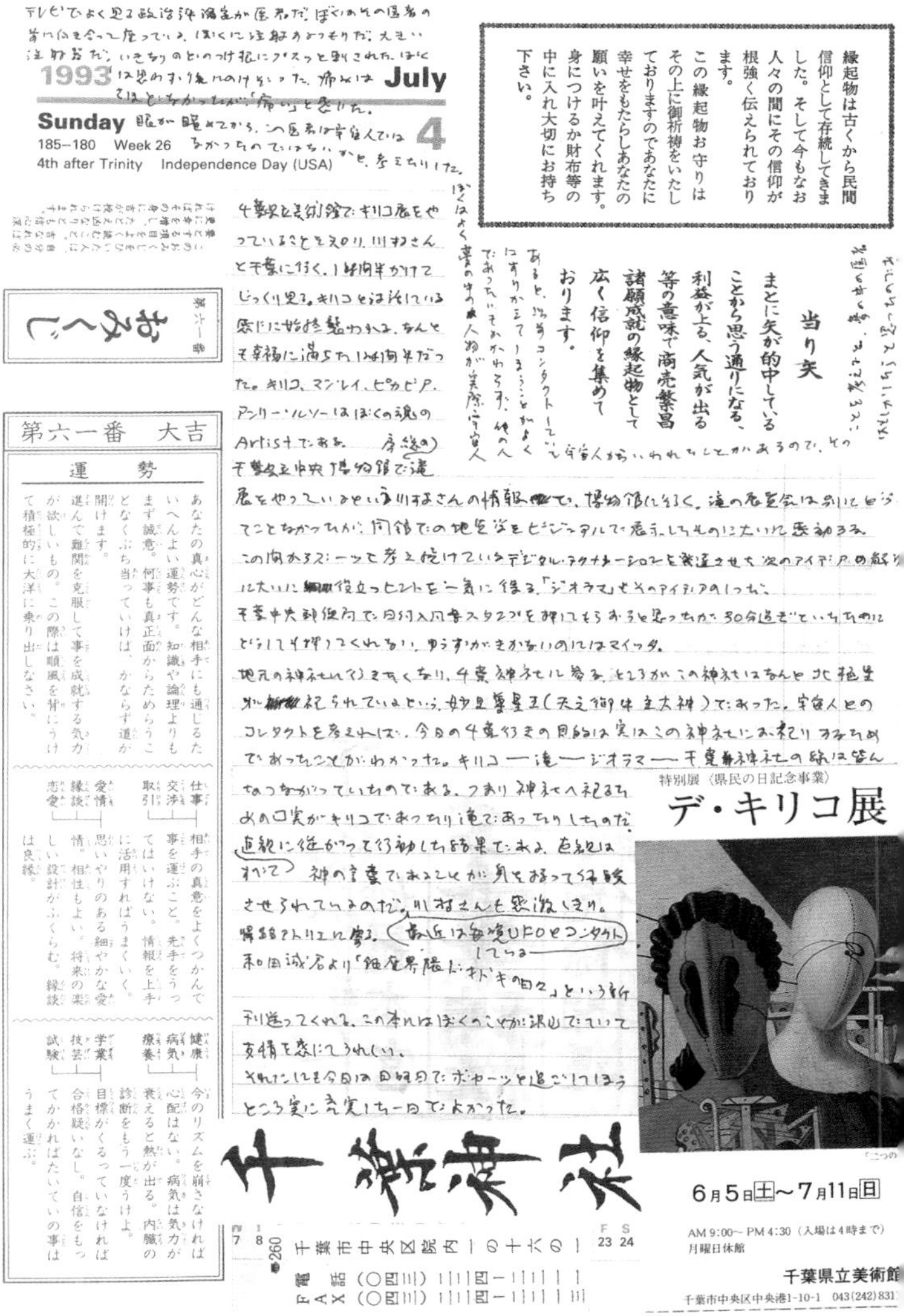


切符、おみくじ、パンフレット、郵便局で押した風景入通信日付印など、旅先での思い出が詰まったページ。ご朱印帳になったり、版画の試し刷りをしてみたり、白紙が何日も続いたりと、気まぐれな横尾さんの日記帳。

たりしています。気に入った他人の言葉を引用して書き込んでもいいんじゃないでしょうか。スマホで撮った写真をプリントアウトして貼り付けてもいいと思います。

ここまで来ると、日記が生活の一部になります。僕なんか日記を面白くするために、わざとどこかへ行って、その経験をエッセイのように書くこともあります。**記録のためではなく、日記を面白くするために、日記のために生きてみよう**となると、もう日記と人生が一体化して、他のことより、日記をつけること自体が嬉しく、愉しくなってきます。なんだったら僕の日記を読んでみてください。すでに十冊以上出ています。

## だんだん健康に自信がなくなってきました。横尾さんは身体のために何かされていますか？

人間の肉体は日に日に老化していくといいます。生まれると同時に、老化が始まっているということでしょうね。

僕くらいの年齢になると、健康でいるというのが難しくなります。何もかも面倒くさくなって、健康のために散歩をするといいと言われても、身体を動かすのが億劫《おっくう》になって、コロナ禍以前からステイホームの生活です。僕の場合は終日アトリエに籠ったままで、身体を動かすことはほとんどありません。このような生活が決して良いとは思いませんが、それぞれの職業や暮らしぶりによって、その人なりの運動量が決まっています。その決まった運動量で十分だと思っていますが、僕より年齢の若い人は動けるだけ動いたほうがいいでしょうね。

僕の健康法は何もありません。耳は聞こえないし、目はかすむし、手は腱鞘炎だし、五感はほぼ全滅です。なので、生活のありとあらゆる面でハンディキャップが出てきています。特に絵を描くときは息切れが激しくて、立ったり座ったりの動作がきついです。また、腱鞘炎で右手が痛く、思うように線が引けません。描いても線はびりびり歪んで、真っすぐになりません。色も形からはみ出すので、緻密な絵は無理です。

だけど、考え方を変えれば、この身体的ハンディにより思ったような絵が描けない代わりに、逆に思いもしない絵が描けるという特典もあります。だから、**ハンディこそ僕の自然体**と考えるようにしました。

絵に関しては、このようにハンディを利用します。ハンディがあると困る、だから元の健康な状態を取り戻す。となれば、日に日に老化する身体に対して反逆することになり、非常に苦しい生き方を強いられることになります。だから、今の状態を、まず認めることからスタートするしかないんじゃないかと思います。過去のいちばん健康で快適だった状態を、持続するのは不可能です。"Be Here Now"「この瞬間を生きる」という、今をもっとも大事にする生き方が必要なのではないでしょうか。

それと、何かのため、という目的を持つと、それが大義名分になって、そのことに縛られて、自由が奪われてしまいます。ですから、このへんで一度、目的から離れてみてはどうでしょうか。目的を持てば必ず結果が気になります。健康第一を目的にすると、それが達成できていないことに悩み始めます。健康を害するのはストレスだと病院の先生は言います。健康でいたい、そのために何をすればいいか、という課題はすべてストレスになります。結果的に、気が付けばそれが健康を害しています。

僕は、健康のために特に何かするということはありません。それでも八十七歳まで生きてきました。気を付けているとしたら、快食快便快眠くらいでしょうかね。サプリメントも飲みません。飲んだこともありましたが、飲んでいるという安心感を得られる以外、サプリメントが身体を改善してくれたことはないと思います。

もし僕に健康法があるとすれば、それは僕の仕事である絵を描くことです。自分に与えられた仕事に精を出すのが、いちばんの健康法ではないでしょうか。でも、身体のどこかに不調をきたすと、僕はすぐに病院に行って原因を調べてもらいます。今、自分の身体がどうなっているかを知ることは、僕という存在を知ることでもあります。

**二刀流再び** | 2021年

〈油彩・布／181.8×227.3㎝／作家蔵（横尾忠則現代美術館寄託）〉

幼少期に絵本を模写した「巌流島の決闘」の場面は、横尾さんの画家としての原点。身体的な不自由を逆手にとった横尾流朦朧体で描かれた武蔵と小次郎は、最新のシリーズに登場する寒山拾得の姿にも重なり、80年前より自由で解放的だ。

## 歳をとり、着るものが、だんだんどうでもよくなってきました。おしゃれする心を失わないためにはどうすればよいですか？

「どうでもよくなってきた」ということは、自由になってきた、世間から縛られないで行動するようになってきた、と考えることもできます。

ただ、着るものは、肉体にとっていちばん近い環境です。自分を変えたいと思ったときは、自分の環境を変えるのがもっとも早いです。部屋の様子を変えるのも、誰かと会うのも、旅行に行くのも、映画、演劇、コンサート、いろいろと環境の変え方はあります。ここでは着るものについて考えてみます。衣服を買うときの状況を考えてみましょう。どこにも行かないで家のなかでくすぶっているときは、何か新しい洋服を着たいとは思いません。今のくすぶった環境には、昔買ったどうでもいい普段着で用が足ります。

ところが、外で誰かに会うときは、その相手、用件、場所のことを考慮して、それなりの洋服を着て出掛けます。無意識的にも、相手に少しはよく見られたいという気持ちが働きます。たとえばデートをすることになったとします。いくらなんでも普段着では行きませんよね。デートも環境を変える手段になります。デートでなくても、人に会うときは相手に失礼のない衣服を着用しますよね。衣服はある意味で社会的礼節ではないかと思います。

僕はよく病院に行きます。病院は非日常な環境です。病気だからといって、起きたままの格好では行けません。病院はある意味、公衆の場でもあります。また、医者や看護師さんにも会います。いくら病気だからといって、病人らしい衣装では行けません。僕は、病院に行くときはうんとおしゃれして行くようにしています。これはある意味、病気の巣という環境に反発しているのです。同病相憐れむの反対で、健康な姿をアピールする意味もあります。このアピールは他者に対してだけでなく、自分に対してのアピールでもあります。公共的施設に対する礼節であると同時に、自分に対する礼節でもあります。

環境の変化によって、着るものも自然に変わっていきます。読書をして自己を見極め探求するのもいいですが、僕は自分を変えたいと思ったときは、脳を変えるのではなく肉体を変えることで自己変革をするようにしています。脳が変わればたしかに物の見方、考え方も変わるかもしれませんが、読書は人の考え方をなぞることです。一方、環境を変える行動は肉体と感性を変えてくれます。人の考えのコピーではなく、自分の肉体が経験したことによって自分独自の考え方が得られます。読書という著者の観念によって自己を変えるのは脳の作用です。ところが、肉体を通して考えるというか感じることは、そのままその経験が肉体化しますので、肉体が覚える知性と呼んでいいのではないでしょうか。他人の考えではなく自前の考えです。その自前の考えは、環境を変えることで簡単に得られます。

**着るものは、最初に書いたように、肉体にもっとも近い環境です。**だから着るものはいい加減にしないほうがいいと思います。

**Issey Miyake（三宅デザイン事務所）** | 1976年
〈オフセット・紙／103.0×72.8㎝〉

横尾さんのおしゃれに欠かせないのがイッセイ ミヤケ。1977年から現在までパリコレクションの招待状デザインを手がけているが、最初のコラボレーションとなったのは1976年秋冬コレクション。本作のモチーフをプリントしたシルクのブルゾンシャツとパンツ「パラダイス（楽園）」が発表された。

**横尾さんは難聴でいらっしゃるそうですが、私もです。難聴だと、人から話しかけられることが減ると聞き、孤独になるのではないかと不安です。**

僕の耳は難聴で九十九パーセントボケてしまって、テレビも映画も音楽も聞こえません。補聴器もほとんど役に立ちません。会話は筆談が中心ですが、仕事で必要なときは、特殊な装置によって何とか言葉を交わしています。したがってふだん、人と話すことはほとんどありません。それはそれで、心地よいと思っています。家では阿吽《あうん》の呼吸の会話になっていますが、それで十分伝わるから不思議です。

孤独になるのではないかと心配されていますが、孤独こそ最高の境地です。僕は子どもの頃から一人っ子で育っているので、孤独には慣れています。むしろ、孤独を愛しています。

年齢と共に、人間は思いもよらないハンディキャップに遭遇します。それが、老齢における自然体だと思います。若い頃の健康状態に戻そうと考える必要はなく、**ハンディをハンディとして受け入れて、その状況を楽しむことです。**

僕は、右手が腱鞘炎のため、商売道具である利き腕が使えません。だから左手で描きますが、線がヨレヨレになって、真っすぐに描くことができません。ですが、そのヨレヨレによって想像もつかないような絵が描けてしまいます。わざわざデフォルメをする必要はなくなりました。努力なしで、老齢に伴うハンディが自然とデフォルメしてくれます。そうして描かれた絵を、僕の新境地にしています。

老齢になれば、さまざまなハンディが生じます。そのハンディに挑戦する必要はありません。それを受け入れて、与えられた範囲内で行動すれば良いのです。

老齢で生活範囲は制限され、必要以上に肉体を活用することもなくなりましたが、それもまた自然なことなのでしょう。抵抗をせず、百パーセントそのハンディを受け入れることです。

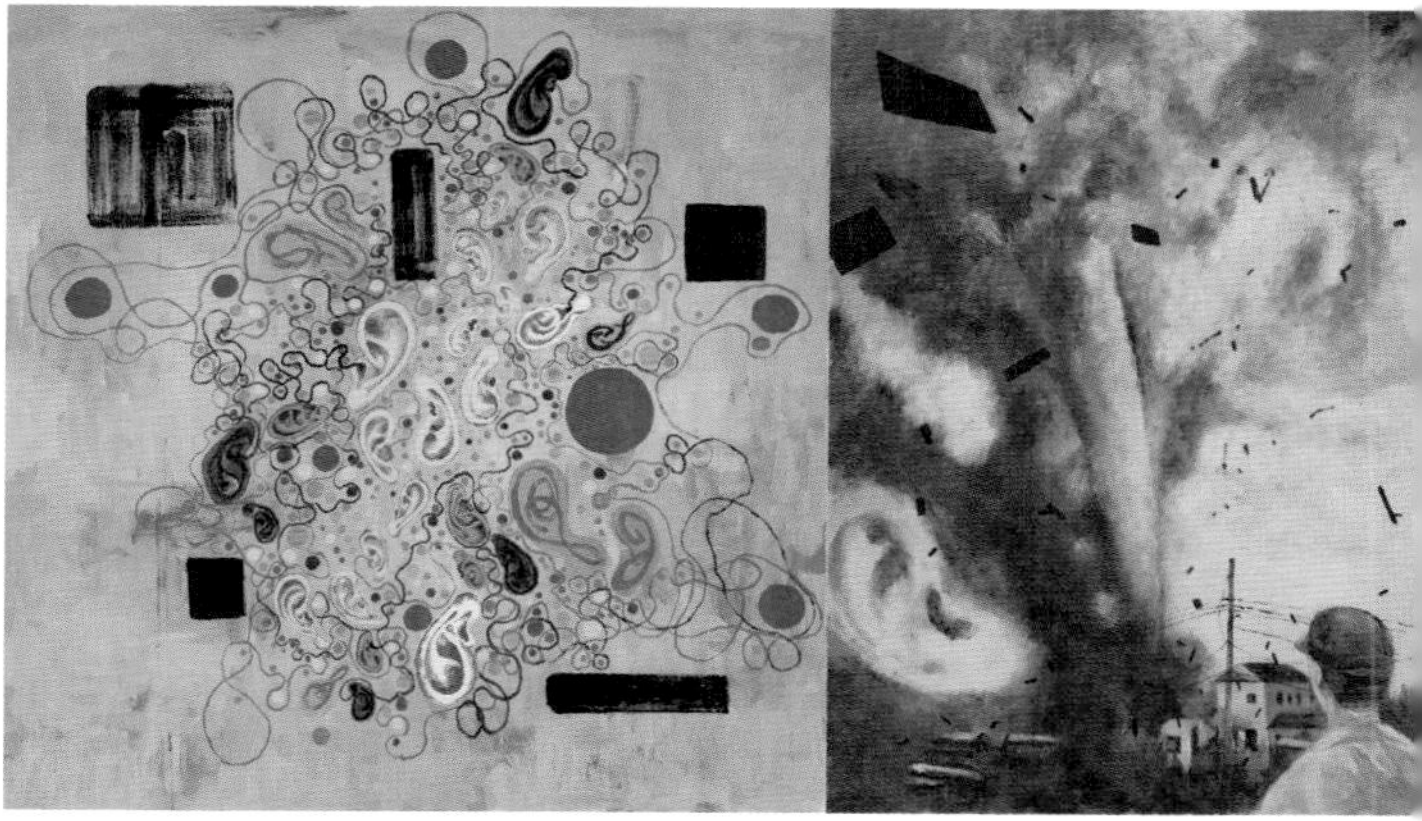

**突発性難聴になった日**｜2019年
〈油彩、アクリル・布／100.0×172.5cm（2点組）／作家蔵（横尾忠則現代美術館寄託）〉

2015年、千葉で竜巻が発生した日、横尾さんは突発性難聴を発症。知覚の混乱と思うように動かない手が、新しい作風を連れてくる。像を結ぶ前の朦朧とした状態は抽象絵画のようだが、横尾さんにとってのリアルなのかもしれない。

## 衰えていく親との関係についてです。どこまでケアして、どこからは見放すべきでしょうか？

「衰えていく親」ですか。僕は二十代で両親を亡くしました。結婚はしていましたが経済力はなく、ある意味、どん底生活の真っ只中でした。

僕の父は、僕が上京して半年も経たないうちに、脳梗塞で突発的に死にました。その後、母を東京に呼びましたが、六畳一間にわれわれ夫婦と生まれたばかりの長男と引き取った母の四人がすし詰め状態で住んでいました。現実があまりにも非現実で、母は大阪の親戚の家に世話になったりもしていました。その後、東京の農家の一画の三間続きの小さな家に再び母を迎えましたが、相変わらず貧乏生活を強いられていました。そんな状況のなか、僕は、母が郷里の家を売って得たわずかなお金を持ってヨーロッパ旅行をし、有り金全部を使い果たして帰ってきたら、母はがんで入院していました。そして、やがて息を引き取りました。

**なんという親不孝息子であったか。**両親を幸せにする能力も経済力もなく、バタバタとあわただしく両親は逝ってしまいました。ですから、ご質問にあるような親に対するケアなど一切しておらず、不良息子としか親には映らなかったのではないでしょうか。まったく後悔先に立たず。両親、特に母は、痛みと貧困のなかで死んでしまいました。ですから、このご質問に答える資格は僕にはありません。

**想い出と現実の一致** | 1998年
〈油彩、コラージュ・布／181.8×227.3㎝／富山県美術館蔵〉

呉服商をしていた養父に連れられて行った料亭での記憶をもとにした作品。左端には算盤（そろばん）をはじく養父、池の奥には日傘を差す養母。セーラー服姿の幼児は横尾さん。画面には太陽系の惑星が漂っている。一白水星生まれの横尾さんの頭上に浮かぶのは水星だろうか。

## 「終の棲家」について迷っています。長く住み続ける街、場所は、何を基準に選んだらよいですか？

いやー、このご質問は分かりませんね。人それぞれ、職業、家庭の事情、経済力、また土地や家の好みがありますから、一概に答えることはできませんというか、答える自信がないですね。

僕の場合は、少し気に入った家を妻が見つけてきて、僕も賛成して借りた家ですが、家が古いので大家さんが手放すことになって、それを買い受けました。自分の年金のことなどを考えると自己資金でわが家を建てるという意欲はなく、ただ絵を描く場所は必要なので、家の近くにアトリエだけは造りました。アトリエといってもガランとした空間が一つあればよく、地下は物置き部屋で、生活空間とはいえない建物だと思います。

「終の棲家」は、今住んでいる元借家がそのまま終の棲家になるんじゃないかと思います。僕の生活といえば絵を描くだけで、三百六十五日アトリエが住処といえば住処で、どこか田舎に別荘を持つとかそういう発想はあまりしたことがありません。

僕にとって、終の棲家は半ば幻想です。そういう家があればいいなあ、どこか景色のいい土地にシャレた洋館を建ててみたいなあ、というのはすべて妄想です。できれば、晩年はヨーロッパのどこか海の見えるきれいな丘に、アトリエ付きの白亜の家を建てたいと、いつも夢のなかで想像しています。だから「終の棲家」は現実ではなく虚構の世界、フィクションの世界です。そのせいか、テレビで深夜にやっている海外の都市巡りの番組が好きで、いつも観ています。

ですが、僕のなかに一つ夢があります。それは人間が死んだあと往くという**死後の世界に、自分の理想とする家を建てる**というものです。エジプトに旅行したとき、あちこちで家を建てている風景に出会いました。聞いてみると、死後に住む家をこちらで建てているのだと言っていました。なかなかロマンチックで、夢のある話ではないでしょうか。また、人が死ぬと、向こうの世界に、その人の想念によって望む家が作れるといいます。現世で家を建てるとなると、まず経済力が必要です。ところが、あちらの世界ではお金は必要ありません。創造したいものを想像すれば、想念が実体化してくれます。そのときに必要なのは、その人の想像力です。

貧相な想像力では貧相な建物しか造れません。別に王宮のような馬鹿でかい建物などは必要ないです。死んだら絵を描く必要もなくなるような気がするので、アトリエもいりません。スペインのカダケスにあるサルバドール・ダリの家に行ったことがありますが、あれくらいの家があれば十分です。それほど広くはない部屋をいくつも増設して拡張していったような家で、目の前には地中海が広がる、その岸壁に建てられた白亜の館でした。

そしてそこを終の棲家にしてもいいのですが、飽き性の僕はすぐにまた別の様式の家を欲しがるかもしれません。

家だけではなく、風景も創造することができます。海でも湖でも高い山でも想像したものなら何でもできるのが死後の世界です。そう考えると、死も愉しみの一つです。僕は死後生を百パーセント信じているので、きっと向こうの世界で、こちらでは達成できなかった楽園のような終の棲家を実現できると思っています。

**横尾忠則邸 外観**

緑に映える赤とピンクの建物は、横尾さんが人生の半分以上を過ごしている自宅。年季の入った日本家屋も、横尾さんの手にかかればポップな作品に。自宅の近くには磯崎新設計のアトリエがあり、こちらは鮮やかな黄色が目を引く。

## 「終活」が流行っていますが、どうすべきか悩んでいます。横尾さんは終活されてますか？

いつの間にか生活の範囲が拡大して、そのうえ複雑になってしまって、終活にどのように手を付けたらいいのか分かりません。僕は、膨大な数の作品を残しています。まず、これらの作品の行方を決める必要があります。このことは、僕に限らず、多くの画家にとって頭の痛い問題です。遺族は、僕の死後十ヵ月以内にすべての作品をなんとかして処理する必要があります。地元の美術館に作品を寄贈するといっても、どこの美術館も収蔵庫がいっぱいという理由で、なかなかもらってくれないというのが現状です。

自分の作品でありながら、その作品は課税の対象になります。作品の価値が高ければ、それだけ税金も高くなります。かつて、日本画家の奥村土牛《おくむらとぎゅう》さんの死後、ご遺族は作品をたくさん焼却しました。でないと、その作品一点一点に税金がかかります。奥村さんの場合は、作品の値段があまりにも高い。値段に見合う税金がかかると、ご遺族はとてもじゃないが払えない。だから焼却して、無いことにするしかなかったのです。

われわれ画家は、終活にあたり、誰もがこうした状況に苦しめられているのです。この問題を解決するには、日本の税制を根本的に変えるしかありません。買い手がつかず売ることができなかった、そうした自分の作品に、その価値に見合った税金がかかるのです。一点が何千万円、何億円もする作品を想像してみてください。描いた作品がすべて売れて美術館やコレクターの所蔵になった人は別ですが、そんな人は稀です。美術ブームと聞けば、右から左にサッと売れていくように思われるかもしれませんが、そんな画家は一人もいません。

はっきり言って、**画家の終活は悲劇です**。どのようにすればいいのか、僕自身も分かりません。お手上げ状態、というのが画家とその家族に与えられた終活です。

**高い買物** | 2020年
〈油彩・布／181.8×227.3㎝／作家蔵（横尾忠則現代美術館寄託）〉

ここは横尾邸の一室。描かれているのは横尾さんのコレクション。敬愛するフランシス・ピカビアの絵画、古代エジプト風の彫刻、洋の東西を問わず集められた土産物など、横尾さんのインスピレーションの源となった宝物が大集合。部屋の入口に立つのは、10年前の横尾さん。

## 横尾流「老い」てなお、愉しく生きる方法を教えてください。

老いることを、苦悩と取るか愉しみと取るかです。僕流の老いの愉しみ方について、少し考えてみたいと思います。老いを恐怖の対象のように考える風潮がありますが、僕はそうではないと思っています。たしかに肉体的な不自由さは増えますが、それは老化現象だと思って受け入れるべきです。老化に抵抗して、若い頃の気力体力を思い起こして、取り戻そうとすればするほど、その落差に悩んだり苦しんだりすることになります。

若い頃のように飛んだり跳ねたりはできません。しかし、それを嘆く必要はないと思います。物覚えもどんどん悪くなりますが、それは自分だけでなく誰もが通る道です。知識や記憶も徐々に薄れていきますが、生きる知恵は逆に身に付いてくるように思います。それと、若いときのような野心や野望など、他の誰かとの競争意識がなくなります。そして気が付くと、社会的な名誉や地位に無関心になり、妙な欲望や自我意識が少なくなっていることに気付きます。すると、他者とか社会とのストレスがなくなります。徐々に欲求不満の対象も消えていきます。そうなると、自己が自然に目覚め始めます。言い方を換えると、人のことや社会のことがどうでもよくなります。「こうしなくちゃ」とか「ねばならない」という気持ちが静まっていきます。

僕の仕事のことでいえば、若い頃は仮想ライバルがいることで努力し、成長するようがんばってきましたが、こうした欲望や執着に振り回されることが歳を取ると共になくなってきました。よく老人は好奇心を持つべきだという人がいますが、好奇心も欲望です。僕は老齢になるにしたがって、好奇心が徐々になくなってきました。**好奇心がない、好奇心を失っていく自分に目覚める**といえばいいのか。

今までは、好奇心を自らのなかに求めていました。しかし、それがなくても、気が付くと外部から、これを好奇心と呼んでいいのか分かりませんが、何かに導かれるように、そのときに必要なものが与えられていることに気付きます。というか、知らないうちに受動的になって、それを何の抵抗もなく受け入れているのです。

僕はそのことを運命と呼びます。若い頃のように自分から求めるのではなく、必要なものが自然に与えられるのです。若いときのように運命に逆らうのではなく、運命に自然と従っているのです。そのことに気付くはずです。老齢になって何かに抵抗しながら生きていくのはつらいと思います。抵抗するのではなく、受け入れればいいのではないでしょうか。

人間には、宿命と同時に運命があります。宿命は、前世から定まっている運命といえます。運命は人の意志を超越しています。だから、自分の意志で何か行おうとしても運命の力のほうが強く、その力によって幸や不幸がもたらされます。

だけど、その運命に逆らって抵抗する人もいます。そうすることによって運命の主役になろうとします。僕はどちらかというと面倒くさいことはしたくないので、与えられた運命にまかせるというか、従っちゃいます。そして、これが自分の宿命なんだと諦観してしまうことで生きやすくなります。つまり、必要以上のことは望まない。これが、僕に与えられた前世からの運命だと納得するのです。そして、なるようになることを期待するのです。

このような生き方は、僕の場合、子どもの頃から宿命づけられていたと思います。僕には親がいましたが、この親ではない本当の親がどこかにいるような気がずっとしていました。そして、それが事実であることが十代の終わりに分かりました。僕の意志によって、僕は僕の親から離れて養父母のところに行ったわけではありません。こうなるべくしてなったのです。

　生誕のときから、僕はこうした宿命によって、この世に存在させられたので、その後の人生も自然にまかせるような生き方をしてきました。つまり、与えられた状況をそのまま受け入れる生き方です。ですから、未来に対するビジョンなどはありません。なるようになると肯定するのです。未来に何が僕を待ち構えているのか分かりません。運命のみぞ知る、という生き方です。このような運命まかせの生き方は、横着な生き方ですが、これが面倒くさいことはしたくないという僕の性格から生まれたのか、それとも宿命がそのように計画を立てていたのか、そのへんのことは分かりません。

　それが老齢になると、ますます人まかせ、運命まかせになってしまいました。そして、その運命の範囲内で遊べばいいのではないかと思うのです。運命を愉しめばいいのです。

　あなたが今の年齢までどのような生き方をされてきたかは知りませんが、これから先の人生を愉しみたいならば、いっそのこと運命に従ってみるのはどうでしょう。しかし、今まで運命に逆らって自分の意志を通してきた方には、このような運命まかせの生き方は不安に思われるかもしれません。運命に逆らっても、従っても、最後は死なのです。さあ、あなたはどちらを選ばれるか、それはあなた次第ということになるでしょうね。

**画家の自画像** | 1982年
〈アクリル、ジェッソ・布／181.8×227.3㎝／富山県美術館蔵〉

グラフィックデザイナーとして順風満帆だったにもかかわらず、突然画家に転身した横尾さん。画家宣言後、初の個展で発表された本作では、右端のパレットと筆を持った「画家・横尾忠則」が、大小さまざまな自画像を描いている。6.27とは横尾さんの誕生日。その翌日に展覧会初日を迎えた。

# Ⅱ　死について

## 子どもの頃から死に恐怖を抱いています。大人になった今も、死んで意識がなくなるのが怖いのですが。

人間である以上、死ぬのは誰だって怖いです。動物や虫でも、死を逃れるために死んだふりをします。ミジンコからサメまで、死を恐れて死んだふりをするのです。僕も子どもの頃、戦争ごっこをして、撃たれて死んだふりをよくしました。子どもでも死を恐れて、死ぬ演技をする。死の現実と遭遇する前に死ぬ真似をするということは、死の練習というかシミュレーションをしているということです。

われわれは、毎晩眠ることで死の練習をさせられています。そういう意味では、死は日常生活のなかにすでに介入しています。小説や映画でも、人が死なない作品はほとんどないほど、多数の人間がバタバタ死にます。生きることと死ぬことがまるで同一化するぐらいに、死は人間の大きなテーマになっています。

ご質問は、死んで意識がなくなるのが怖いということでしたね。**意識がなくなることを恐れる背景には、唯物論的な思考があると思います。**そして、唯物論的な発想の根源には、人間は脳的存在であるという思想があります。脳の活動が停止すれば、人間は死ぬという考え方です。僕は、人間の本体は肉体、精神（心）と魂で構成されると思っています。そうすると、肉体の消滅が死という発想はおかしくなります。残された精神と魂はどうなるのでしょうか。

われわれを取り巻く環境のうち、目に見えるものがすべてではないと思います。むしろ目に見えない存在のほうが、はるかに多いのではないでしょうか。現代の科学の範囲内の事物しか、われわれは認めていません。しかし、科学は日々進歩して、あと百年もすれば、現在否定されていることが証明されて、現実の領域がぐんと拡大されているかもしれません。そうなると、死生観も大幅に変わっていかざるを得ないのではないでしょうか。

**骨** | 1999年
〈油彩・布／162.0 × 130.7㎝／作家蔵（横尾忠則現代美術館寄託）〉

石原裕次郎の歌を聴きながら制作していた横尾さんが、『骨』という楽曲の歌詞に触発されて描いた作品。「ホラホラ、これが僕の骨だ」で始まる詩の作者は中原中也。故郷の小川のへりで、自分の骨を見ている自分を見るという、不思議でユーモラスな情景が絵画化されている。

## 横尾さんの作品には、死をテーマにしたものがとても多いですが、それはなぜでしょう？

僕は、一九三六年生まれで、五歳のときに太平洋戦争が勃発しました。物心ついたときには、すでに戦争真っ只中。だけど、この戦争は、神風が吹いて日本が必ず勝つと聞かされていました。

幼稚園に入った頃のことです。頭に鉢巻きをした、白いエプロンにもんぺ姿の婦人会の人たちが、当時のアメリカ大統領フランクリン・ルーズベルトやイギリス首相ウィンストン・チャーチルの似顔絵が貼られた桜の木に向かって、竹槍を持って突進していました。手製の竹槍で突き刺す戦闘訓練です。内陸戦になって、婦人や子どもまで動員される状況を想定しなければならないほど切羽詰まっていたのに、それでも日本は勝つと信じていたのです。大本営発表はデタラメばかりで、南方で戦っている日本軍はすでに玉砕していたにもかかわらず、それは国民には知らされません。アメリカの戦艦や駆逐艦を撃沈したというウソの報道に、国民は洗脳されていました。

まもなく日本軍は勝利するとばかり思っていたのに、いきなり東京大空襲が起こり、さらにその後、広島と長崎に原爆が落とされ、ようやく敗戦が近いことを認識したのですが、その年の初めくらいから、僕の住んでいた兵庫の山間部の町の上空にも、B29やグラマン戦闘機が飛来するようになっていました。

小学校の校庭で朝会をしている最中、突然、グラマン戦闘機が襲来してきました。三機（四機だったという者もいました）のグラマン戦闘機が、操縦席のパイロットの顔が見えるほどの距離で低空飛行してきました。機銃掃射されればイチコロです。このときは、もう死ぬ！　と思いました。僕は目と耳を手で押さえながら、校舎脇の溝のなかに必死で飛び込みました。グラマン戦闘機は校舎の窓を震わせながら、屋根すれすれに飛び去りました。生まれて初めて知る死の恐怖です。終戦の一九四五年八月十五日まで、死の恐怖は毎日続きました。

僕にはもう一つ、忘れられない死の恐怖があります。僕は三歳のときに養子に出され、養父母はすでに老人だったので、一人っ子の僕を残してすぐにでも死んでしまうのではないかという恐怖がありました。こちらは自分の死ではなく、両親の死によって孤独になってしまうという恐れです。だから僕は、幼児のときから常に、死の恐怖と共に生きてきたように思います。

こうした死の恐怖の後遺症は、僕のなかで生きるうえでの因子のようになり、死は特別なものではないという考え方が、いつの間にか心身に植え付けられていました。死が観念となって、死から離れられなくなってしまったのです。

死を想うということは、生を想うということでもあるといいますが、僕のなかでは、生の中核に、死がどっかりと幅を利かせて座っているという感じです。大人になってからは、子ども時代の現実的な死の恐怖というより、どこかフィクション的な死というか、自分のなかに死の観念を取り込み、死を通して事物を見るようなところがありました。

そんな虚構的な死から逃避するために、死を作品に取り込もうとしました。作品のつもりで新聞に死亡通知を出したり、最初の作品集に「遺作集」という題名を付けたり、自らの生活と創作を、すべて「死」一色に塗りつぶしてしまおうとしたのです。**死の側に立つことによって、死の恐怖を乗り越えられるのではないか。**自らを恐怖の対象に位置付けることで、死を日常化することができるのではないか。そうすれば、自己が死だから、怖くないのではないか、と。

観念的といえば観念的ですが、死を自己と一体化させることで、以前に比べるとずいぶん楽になったような気がします。

**回転する家** | 2018年
〈油彩、新聞紙・布／162.1×130.3㎝／作家蔵（横尾忠則現代美術館寄託）〉

空襲で赤く染まった空、低空飛行するB29、傾く家に先の見えないY字路。少年時代の記憶は不穏な空気を醸し出すが、舞い落ちるビラには2018年の新聞記事。SNSを騒がせた自身のニュースさえ取り込むユーモアが横尾流。

## 親しい人を亡くしました。心の整理がつきません。時間が解決してくれるでしょうか？

出会いは、別れの始まりと言いますよね。僕も二十代で両親を亡くし、その後も近しい人たちとの別れを、数限りなく繰り返してきました。僕くらいの年齢になると、毎日のように、次から次へと親しい人との別れが訪れます。死が訪れるのは時間の問題で、誰が先に逝ってもおかしくない年齢に達しています。

去年から今年にかけて、友人知人が四十〜五十人亡くなりました。自分だって、今日明日にでも、彼らと同じところへ行くかもしれません。心の整理などはありません。時間が解決してくれるものでもありません。

しかし、もうすでに僕も、向こうにいる彼らの仲間の一人かもしれません。最近は、こちらの世界とあちらの世界の区別さえつきません。向こうもこちらも地続きです。ですから、**僕は半ば死者の目で、この生者のいる現世を眺めています。**まあこの感覚は、あなたには実感がないと思いますが、生と死は、単に次元を異にした、同じものだということです。

**友の不在を思う** | 2003年

〈油彩・布／91.2×72.8㎝／横尾忠則現代美術館蔵〉

横尾さんの故郷の空に浮かぶのは、亡くなった同級生たちの顔。学生時代の彼らを思い出しながら描いたのだろう。横尾さんの顔だけが赤いのは、生きている人の名前を墓石に朱色で彫る慣習にならったのだとか。

## 愛猫が可愛すぎて、死んでしまうことが怖くてたまりません。実際に死んでしまったら、耐えられないのではないかと今から不安です。

猫の死を想像して、今からその猫の死を恐れておられるわけですが、まず前提として、すべての生物は必ず死ぬ存在としてこの世に生を享《う》けているわけですから、怖がっておられるのは、猫に対する所有欲のせいではないでしょうか。愛が極限に達すると、その愛の存在を手放したくないがため、愛の対象が消滅することが恐怖に変わるのではないかと思います。

僕は、子どもの頃から何匹も猫を飼い、順番に死ぬのを見てきました。病気で死ぬ猫、交通事故で死ぬ猫、たくさんの猫の死に目に会ってきました。行方不明になって二度と帰ってこなかった猫も、どこかで死んでいることでしょう。現在も三匹いますが、いずれこの猫たちとも別れる日が来ます。猫が残って自分が先に死ぬかもしれません。

猫を飼った瞬間から、人は猫の命を所有した気になってしまいますが、それは一種の欲望だと思います。猫ではなく、わが子に喩えて考えてみましょう。子どもは、親にとってはかけがえのない愛の対象です。しかし、必要以上に愛すると、子どもを自分の肉体の一部として所有したくなります。この所有欲は、子どもの自由を奪うことにもなります。ほんとうの愛は、子どもを親の所有物であることから解放して、手放すことにあるのではないでしょうか。親の希望どおりに育てようとすることは、子どもをがんじがらめにして、知らず知らずのうちに子どもを束縛することに繋がっています。親子の関係がぎくしゃくするのは、たいてい親の子に対する自由の束縛が原因です。

ここで猫の話に戻りますが、猫はわがままで、人の言いなりにはなりません。人の支配から常に自由でいたがります。だから飼い主は、なおのこと猫を人間の意思に従わせようとします。それを愛情だと思っているのが人間です。猫は人間の勝手な愛情の奴隷になってしまいます。猫は自由気ままな自由人（？）です。放っておかれるのが、猫にとってはいちばん幸せなのですが、人間はそんな猫の自由性を許しがたく、つい手許に引き寄せてしまうのです。ですから、飼い主は自分が猫になったつもりで、あんまりベタベタしないで、ときには知らんぷりするくらいで丁度いいのです。人間の猫に対する過剰な愛が、ますます猫の死を想像させ、飼い主は勝手に悩んだり、苦しんだり、悲しんだりしているのです。

猫の寿命は、せいぜい二十年くらいでしょう。**いつか別れることになりますが、その瞬間を迎えた経験が人間を成長させます。**愛の対象を手放すことは非常に苦しいですが、そんな経験を僕は何度もしてきました。それでもまた別の猫を飼って、また別離を経験します。猫は、人間にこのような経験をさせ成長させるために、神様が送り込んだのだと思ってください。猫が死んでも、飼い主と猫の間に愛の絆があれば、いずれ生の領域を超えて、あなたが向こうへ行かれたとき、死んだ猫と再会するでしょう。そう思えば、新たな生きがいになるのではないでしょうか。

**タマ、帰っておいで 010 玉川病院にて** | 2014年
〈アクリル・布／37.9×45.5cm／作家蔵（横尾忠則現代美術館寄託）〉

2014年5月に愛猫タマを失った日から描き始めた「タマ、帰っておいで」シリーズの1点。旅先や入院中の病院にもタマの写真と画材を持ち込み、7年間で91点を制作した。「レクイエムだから芸術ではない」という横尾さんに、「芸術は愛だから、これこそが芸術」とオノ・ヨーコさん。

## 死ぬ瞬間のことを考えることが多くなりました。横尾さんは、どこでどう死ぬか、イメージされていますか？

あなたはおいくつですか？　生きている間から、死ぬ瞬間のことを考えておられるのですね。

そういえば、僕も同じようなことを考えていた時期があります。幸せなときこそ、ふと死の瞬間を考えるような気がします。現在の幸せがいつまで続くのだろうかと考えると、ふと死の恐怖が襲ってくるんです。あなたは現在、もしかしたら幸せな状況にいらっしゃるのかもしれませんね。

あなたは僕に比べると、まだお若いと思います。僕の年齢になると、死は特別なものではなくなります。僕は去年の夏、突然、急性心筋梗塞に襲われて死にそうになりました。僕くらいの齢になると、死の一歩手前の状況に直面することもありますし、いつ死に襲われてもおかしくありません。死は、突然やってくるものです。ですから、死の瞬間を想像することはできません。この文章を書いている最中にだって、死が襲ってこないとも限りません。死は、すべての生き物に与えられた宿命です。

いつどこで、どのように死ぬのかは神のみぞ知ることで、人間には教えられていません。だからこそ、死が怖いのかもしれませんね。

ですが、僕の年齢になると、死も愉しみの一つになります。死んだらどこへ行くのだろう、その場所はどんなところだろうかと考えると、ちょっとした旅行気分になります。**死は、一つのサプライズなエンターテインメントかもしれません。**

僕は、死んだら虚無になるとは思っていません。この現世の延長で、こちらとは少し違った状況かな？　と思っています。輪廻転生、かつて経験したことを再びまっさらな気持ちで体験できるのかと思うと、わくわくすることさえあります。

こんな回答ではご満足いただけないかと思いますが、これが僕の今の心境です。

**神曲** | 1994 − 2013年

〈油彩、アクリル、コラージュ・布／162.0 × 130.5㎝／作家蔵（横尾忠則現代美術館寄託）〉

画中のDCとは「Divine Comedy」すなわちダンテ・アリギエーリの『神曲』のこと。生きながら死後の世界に迷い込んだダンテが、地獄、煉獄、天国を巡る壮大な物語は、横尾さんの愛読書。本作は完成から19年を経て加筆され、謎に満ちた作品に生まれ変わった。混沌としているが、どこか楽しそうでもある未知の世界。

## 死後、生まれ変わりたいと思いますか？ また、生まれ変わったら何をしたいですか？

生まれ変わりたいということは、魂が未完だからまた生まれる必要があるのです。生まれ変わるということは、必ずしも嬉しいことではないのです。この現世を見渡してください。嫌な問題ばかりが山積しているじゃありませんか。

人間が肉体を伴ってこの地上に存在しているということは、生まれ変わりを繰り返しさせられているということです。輪廻転生を繰り返しさせられているのです。だから、**ほんとうは生まれ変わらないで不退転でありたい**わけです。生まれ変わるということは、生老病死を繰り返すということでしょ。

「生まれ変わりたいと思いますか」というご質問への答えは、「生まれ変わりたくない」というのが本音です。だけど、自分の意志でそれを止めることはできません。それを決めるのは、魂の状態ではないかと思います。魂が生まれ変わる必要のない状態になっていれば、黙っていても生まれ変わることはありません。

なぜ生まれ変わりたくないかと言えば、先ほど述べたように、この世には生老病死があるからです。地球で生きていく限りは、どうしても生きるうえでの悩み、苦痛が伴います。そして、忌々しい老化が毎日進行しています。そして、その挙げ句、死ぬ運命にあるということです。

つまり、人は死ぬために生まれてきたのです。だったら生まれなきゃよかったと思いますよね。そのとおりです。生まれなきゃよかったのです。でも、生まれさせられるのです。誰がそうさせるのですか？　それは魂がそう決めるのです。自分の意志や想いが決めるわけではありません。魂は「私」であると同時に「私」ではないのです。魂というのは、私から離れた宇宙的存在です。宇宙のシステムのなかで存在しているのが、どうも魂ではないかと思うのです。

二つ目の「生まれ変わったら何をしたいですか」というご質問についてですが、できれば今生《こんじょう》を地球上での最後の生にしたいわけですから、そのための修行をする必要があります。修行というとなんだか宗教くさいですが、別に宗教的に生きるということではなく、ごく自然にありのまま生きればいいのではないでしょうか。増大した自我に振り回され欲望のままに生きるのではなく、難しいかもしれませんが、自分を手放して匿名的な生き方をしてみてはどうでしょう。

芸術でいえば、芸術行為を通して名誉や地位を願望するという生き方ではなく、特別な目的や大義名分は持たず、ありのまま、思いのまま表現するような生き方ができれば、そこには野心や野望や競争意識は存在せず、そこから生まれる芸術も最高のものになると思います。

転生しないのが理想ですが、万が一転生することになったら、再び同じ生き方はしたくないですね。まったく別の国に生まれて、未経験の職業について、新しい体験をしてみたいと思います。そして、自分を磨いて、できればその人生を最後にしたいです。

**死者の誕生** | 1997年
〈アクリル・布／227.1×182.3㎝／作家蔵（横尾忠則現代美術館寄託）〉

生命は誕生した瞬間から死に向かう。生と死を暗示する赤い闇に骨盤が浮かび、まさに命が産み落とされようとしている。鯉に転生する命もあるのだろうか。中央には自画像。横尾さんの姿も輪廻転生する生命の一瞬なのだろう。

# III　人間関係について

## 「ほんとうに友だちは必要ですか？」と聞かれたのですが、答えに詰まってしまいました。横尾さんはどうお考えでしょう。

友だちは必要だと思います。自分に利益を与える友だちというより、相手のために親身になれる友だちが必要だと思いますが、そうした関係を結ぶのは難しいですよね。僕は、相手のなかに少しでも嫌な部分を見ると、いっぺんに引いてしまうところがあります。それを避けるには、利害関係がないほうが良い気がします。そして、あんまりベタベタ深入りしないことです。友だちといっても他人です。ある程度相手を尊重した部分がないと、つい羽目を外して相手のなかに土足で踏み込んでしまいます。そんな関係をお互い許すというのは、非常に難しいように思います。

僕には、一人、同業者の友だちがいました。同年齢ですが、学校の同級生ではありません。彼はイラストレーターで、育った環境はかなり違います。

彼は美術大学でイラストレーターとしての専門教育を受けていましたが、僕はまったくの独学で、この世界に入りはしたものの手探り状態で、周囲の人に押されながら、なんとなくイラストレーターになりました。

大学でアカデミックな教育を受けたことのない僕が、この世界に飛び込む契機となったのは、日本宣伝美術会という全国組織の大きな展覧会に出品したことです。後に友人となるその彼は、この展覧会で最高賞を獲りました。僕は入賞したものの三番手の賞でした。お互い初対面の段階で、すでに名前だけは知っており、同い年ということもあって、会った瞬間から惹きあうものがあり、結局、終生、気の置けない友だちになりました。

作風はまったく違ったので、同じイラストレーターとはいえ、お互いの領域を侵すということはなく、切磋琢磨する良いライバルであったと思います。

彼はデビューと同時に評価される存在でしたが、僕の場合は独学ということもあり、どこかレールから外れた存在で、一部の評論家からは無視され苦水を飲まされたこともありました。そうしたなか、大勢の仲間の前で、彼は僕の作品を非常に高く評価して、反対意見を言う人たちに立ち向かい戦ってくれました。**自身の利益にはまったくならないにもかかわらず、当時、仕事のなかった僕に、本来なら彼がやるべき仕事を与えてくれました。**この仕事によって、僕は高い評価を得ることになるのですが、彼が主役になるべき、彼のところに舞い込んできた仕事を、わざわざ僕に譲って、彼自身は脇役に回ったのです。賛否両論ありましたが、僕はこの仕事によって一気に社会的関心を得ることになり、そのことを彼は大層喜んでくれました。

このような関係は、同業者の間では滅多にないことだと思います。僕の人生のなかで、彼の存在は特別なもので、その後も、お互い自分の領域でやるべきことをやってきたように思います。そんな彼が、思いもよらない病のために他界してしまいました。僕は彼に永遠の友情を抱いていますが、テレて自分の本心を伝えられないまま、お別れになってしまいました。その彼とはイラストレーターの和田誠です。彼のような友だちを持てたのは、なんだか運命のように思えてなりません。

**「ヨーロッパ観光ポスター集（ロンドン）」**
**『デザイン』No.69のための原画** **※和田誠との共作** ｜ 1965年
〈インク・紙／51.4×36.3㎝／作家蔵〉

1964年、東京オリンピックの参加選手を乗せてきた飛行機を利用したヨーロッパへの団体旅行に、横尾さんは和田誠さんを誘って参加。訪れた都市の印象を2人で描いたイラストレーション9点のうちの1点で、人物や建物などの担当を細かく振り分け、パーツごとにサインがある。LONDONの文字や2階建バスは和田さん、ビートルズの顔は横尾さん作。

## 組織に属するのが嫌で、自分の会社を作ったのですが、そこでもなぜか孤独を感じ、居場所がない気持ちになります。どうすればよいでしょうか？

既存の組織から離れて自分の会社を起こしたということは、自ら孤独になったということではないでしょうか。

僕は昔、サラリーマンデザイナーでした。だけど、組織が嫌でフリーランサーになりました。組織のなかにいた頃は助けてくれる人がいて、アシスタントもいましたが、フリーになった途端、誰も手を貸してくれません。完璧な孤独です。

しかし、人間は孤独になって初めて力を発揮します。そして、この孤独が最高の快楽です。そう思うことができないなら、組織から自立した意味がありません。

組織が嫌なのは、そこに自由がなかったからでしょう。一人になって自立して自由を得た。なのに孤独で、居場所がない気持ちになるんですか。

組織を離れるということは、自分を身寄りのない状態に置くことです。それを望んで、組織から脱却されたはずです。みんなとワーワーするよりも、一人で自由を満喫したいという気持ちを実現したかったはずが、その状況に置かれた途端、孤独に襲われた。そして居場所がなくなったと。

あなたにとって会社を作るということは、自由を手に入れるということではなかったんですね。

「どうすればよいでしょうか？」

こんなはずではなかった。だったら、もう一度どこかの組織に入りますか？　まあ、どこに行っても同じでしょうね。でも、自分で選んだ道です。僕はどちらかというと運命に従うほうですが、時に、運命に逆らうこともありました。運命に逆らうには相当なエネルギーが必要です。そして逆らった以上、置かれた状況と闘うしかありません。それは孤独との闘いでもあります。

運命に従うなら、闘う必要はなく、流れに乗って「なるようになる」でよいのですが、運命に逆らうには、「なるようにする」という自立心が必要です。運命に逆らったわけですから、ここを戦場として闘うのもカッコイイんじゃないでしょうか。兵士は皆、孤独です。

僕がフリーランサーになったときは、一、二年まったく仕事が来ませんでした。だけど、その間に仕事と無関係のことを体験して、流れが来たときに、その波に乗りました。

**人生には、男時《おどき》、女時《めどき》という時期があると世阿弥が説いています。**きっと今は、女時の時期かもしれません。その間は、うんと勉学に励む時期です。そして必ず男時がやって来ます。そのときに、一気に流れを自分に引き寄せればいいんじゃないかと思います。

**ペギー葉山リサイタル　春日八郎艶歌を歌う**

**（京都勤労者音楽協議会）** ｜1964年

〈オフセット・紙／72.5×51.3cm〉

トップクラスのデザイナーが集う日本デザインセンターを退社し、宇野亞喜良さん、原田維夫さんと共にスタジオを設立したものの仕事がなかった横尾さん。田中一光さんが回してくれた京都労音のポスターの仕事は、クライアントからの苦情で本作が最後に。しかし、このデザインから横尾さんの快進撃が始まる。

## 他人の意見より、自分の意見を大切にするようにしています。しかし、他者への共感性と優しさが足りず、人から避けられてしまうのではと心配です。

他人の意見より自分の意見を大切にしておられるというのは素晴らしいことです。良い意味で自己本位でいいんじゃないでしょうか。しかし一方で、他者への共感性を心配しておられますが、他者の意見に従うことになりませんか。せっかく、他人の意見より自分を大事にしておられるというのに、これじゃ矛盾しませんかね。横柄な言い方をすれば、「他人なんか知るもんか」でいいのです。

僕はいちいち他人のことを考えて絵を描いていません。共感する人がいれば、それはそれでいいくらいに思っています。他人があなたの意見に共感しなくても、それは他人の問題であって、あなたの問題ではありません。**あなたはあなたを生きるべきで、あなたが他人を生きる必要はありません。**

また、他人が自分をどう思っているのかを心配されているようですが、それをいちいち考えると、全世界の人のことを心配することになりませんか。よっぽどのことがない限り、他人はあなたのことなど、それほど考えてはいません。ほっときなさい。気にかけるのは、あなたの大事な人だけでいいんじゃないでしょうか。

他人より自分を大切にしていると書きながら、他人を気遣ったり、他人から避けられることを心配したりするなんて、実にややこしい性格の方だなあと思ってしまいます。そんなことよりも、ご自分でおっしゃっているように自分の意見を大切にするという初心を貫徹してください。

**日本万国博覧会せんい館（日本繊維館協力会）**｜1969年
〈オフセット・紙／103.1×72.8㎝〉

大阪万博せんい館の設計を手がけた横尾さん。建設現場を視察し、足場が組まれた状態で凍結することを決めるが折衝は難航。企業トップに直談判して実現したパヴィリオンは、足場が作業員の人形もろとも赤く塗られ、カラスが群がる異色のデザイン。ポスターにも不穏な空気が漂う。

## 自分の内面の薄っぺらさに気づかれるのが怖くて、意見が言えません。絵を描くことは、内面を曝け出す行為だと思いますが、今まで怖さを感じたことはありませんか？

ご質問では、内面の薄っぺらさを気にかけていらっしゃるようですが、では内面がぎっしり詰まっているというのは、どういうことでしょうか。知識がぎっしりと詰まっているということですか？　内面がぎっしり詰まっているために、身動きが取れなくなっている人もいると思いますよ。僕は、常に内面は空っぽでいることを望んでいます。空っぽは風通しがよく、清々しくて気持ちがいいです。ぎっしり詰まっているよりも、空っぽのほうがいろんなことを吸収できます。

空っぽの意味を少しお話しします。

僕は以前、座禅を学んだことがあります。一度座禅をしてみると分かるのですが、無我の境地に近づくのかと思いきや、ありとあらゆる思いや考え、事柄が次から次へと去来します。さらにさまざまな感情もふつふつと湧き上がり、頭のなかは言葉でいっぱいになります。

禅寺の老師は、このような状態から脱するために、頭に去来するものを追ってはならない。どんどん流してしまいなさい。そして空っぽになりなさい。そして空っぽになれば、ほんとうに必要なことだけが現れると説いています。

頭を知識でいっぱいにしている人は、逆に言葉や思いの虜《とりこ》になってしまい、なかなか捨てることができないと言います。つまり、頭を空っぽにしてアホになることができないのです。

人と会ったときに自分の意見が言えないとも書かれていましたが、人ってそんなに意見があるものでしょうか。僕は、それほど自分の意見はありません。むしろ聞き役に回ることが多いです。フンフンと聞いていればいいのです。そのほうが省エネで疲れなくて済みますし、「面白い意見だな。変な意見だな。こんな考え方もあるんだな」と感心した顔で聞いていれば、相手はその気になって、どんどん話をしてくれます。人の話を聞くことが嫌なのでしょうか？　嫌じゃなければ、黙って聞いてあげればいいじゃありませんか。あなたに意見がなければ、どんどん質問をしてみてください。相手はますます喜んで、あなたの質問に答えてくれるでしょう。自分から話すよりも、聞くことのほうが学びになることが多いと思いますよ。

絵を描くということは、おっしゃる通り、内面を吐き出す行為です。自己の内面の不透明な思いだったり、感情だったり、ときには人に言えない秘密を、絵にしてどんどん吐き出します。吐き出すものがなくなることはありません。一生描き続けても、吐き出し切れないでしょう。絵は言葉と違って、嘘をつくことができません。そして、そのほとんどは人に知られたくないものです。こういうものは、誰でも山のようにあります。

しかし、こうしたネガティブな感情を心のなかに閉じ込めたまま生きることは、あまり健全なことではありません。特に嫌な思いや感情は、人に話すこと、または何かの行為で表すことによって、自然と消滅していくものだと思います。

文学では、私小説という形であからさまに表現している場合があります。言葉にすることによって、そして読者が読むことによって、内面の不透明な部分が消滅していきます。

「流れる水は腐らず」ということわざがあります。思いや感情も水と同じです。自身のなかに停滞させたままでは淀みます。だから、流動させるために吐き出すことが必要なのです。

あなたが心配される内面とは、一体どのようなものですか？　美しいものがある代わりに、汚いものもあるでしょう。誰もが同じです。あなたは、自分だけが特別な存在だと思っていませんか。だから人前で意見が言えないのです。自分を少しでもよく見せたいと思う気持ちがあると、ひと言ひと言、言葉に詰まります。**「恥ずかしいという感情」は、「人によく見られたいという気持ち」と同意語です。**

ありのままの自分を出してみてください。相手の人は、自然体でありのままのあなたに驚いて、尊敬の対象になるかもしれませんよ。

**続・三人の愚者** | 2021年

〈油彩・布／130.3×162.1cm／作家蔵（横尾忠則現代美術館寄託）〉

2019年に始まった「寒山拾得」シリーズの1点。人物の下に豊干、寒山、拾得の名があるが、3人とも顔つきやデニムのジャケットが横尾さんを思わせる。かつて便器に座り用を足す自画像を描いた画家がいただろうか？

## 私は一人暮らしが長いのですが、やっぱり家族は必要でしょうか？　家族って何でしょう？

家族って何でしょうね。僕もよく分かりません。一人暮らしが長いのは、その状態があなたにとって最適だからじゃないでしょうか。最適というのは、いかに自由であるかということです。家族がいることでより自由にアグレッシブに行動できる人がいるかと思うと、家族があるために不自由を感じるという人もいるはずです。

僕は常に自由であることを求めます。僕には家族がいますが、不自由だと思ったことはありません。むしろ、家に一人ぼっちになってしまったときのほうが、うんと不自由になってしまう気がします。家族が家を守ってくれているからこそ、僕は自由に絵が描けます。

あなたにとって一人暮らしが良いのかどうかは、僕には分かりません。**家族が必要かどうかは、あなたの自由度が決める問題だと思います。**

いかなる人間も、自由になる資格があります。自分を束縛するものがあるなら、その束縛を解くべきです。答えは、その一点にしかないのではないでしょうか。

でも、自由を価値と考えない人は、また別の価値観と共に生きるのかもしれませんね。自由も、人それぞれに与えられた価値観の一つだと思います。

**家族の会合** | 2021年

〈油彩・布／162.1×130.3㎝／作家蔵（横尾忠則現代美術館寄託）〉

養子だった横尾さんには2組の両親がいる。猫を抱いた小さな子どもが横尾さん。大家族の古い集合写真のように見えるが、もしかしたら、あちらの世界での会合を描いているのかもしれない。

## 甥っ子が、学校でいじめに遭っていると聞きました。何かできることはないでしょうか?

僕の長男も高校時代にいじめに遭い、学校に行かなくなりました。理由を聞いても言わなかったのですが、彼の存在が仲間に受け入れられなかったようです。なぜいじめられるのかは、本人にも分からないでしょう。甥っ子さんは、学友に受け入れられない、少々はみ出した存在なのではないでしょうか。先生や友人に、彼の学校での態度を聞くことができれば、いじめの理由が見えてくるかもしれません。

僕は、長男に**学校を辞めさせて、知人の禅寺の僧侶に小僧さんとして預けました。**ただし、座禅とか、宗教的な修行などは一切させないようにお願いしました。半年か一年ほど、その禅寺でお世話になりました。

その後、アメリカへ行かせましたが、何をやっていたのか、僕はよく知りません。三年ほど現地のアートスクールへ通い、帰国後は、僕の作品をグッズ化する仕事を始めて今日に至っています。

まず甥っ子さんがどうしたいかを聞いてあげてください。そして、その希望を実現させる方向に援助してあげてはいかがでしょうか。僕は、子どもの教育に関してはまったく自信がありませんので、偉そうなことは言えません。

**Ei in Mind** | 1981年
〈クレヨン、アクリル・紙／75.7×56.4㎝／作家蔵〉

高校を休学してアメリカ留学した長男を思って描いたのだろうか。それぞれの足元にBoston、Tokyoの文字が書かれている。画家転向直前のこの時期、横尾さんは身近な物や人物を片っ端からスケッチしていた。

## 孤独が怖いです。どうすればよいでしょうか？

僕は子どもの頃から孤独を愛して育ってきましたので、孤独が悩みの種になるというようなことはありませんでした。老養父母の家で一人っ子として育てられ、兄弟もいないので常に一人で絵を描いていました。自分の描く絵と対話する子ども時代だったといえます。誰にも邪魔されないで絵が描ける時間は、ある意味で孤独ゆえの幸福感がありました。

現在八十七歳になっても、子どもの頃の孤独を愛する気持ちはちっとも変わっていません。三百六十五日ほとんど毎日、孤独を唯一の友として、アトリエで一人絵を描いています。

ですから「孤独が怖い」とおっしゃる意味がよく分かりません。定年を迎えて、これまで大勢の人たちがいるカオスのような社会に慣れていた人が、突然、人々や社会との縁が切られてしまい、ものすごい孤独を感じておられるということでしょうか。

定年後に孤独に襲われるということは、目的を失ってしまい、それに代わって突然現れた孤独に対処の仕方が分からないといった状況かもしれませんね。

しかし、僕に言わせれば、定年を迎えることは人生の最大のプレゼントではないかと、ときにはうらやましく思います。「さあ、これからは今までとはまったく違う異次元の生活、生き方ができるぞ！」と、欣喜雀躍《きんきじゃくやく》するかもしれません。目の前に未経験の地平が開けたわけです。ありとあらゆる制約と束縛から解放されて、自由になった。これからは何でもできる。最高じゃないですか。退職金と年金で、そんなに贅沢をしなければ、好きな趣味に生きることができるじゃないですか。趣味は一種のクリエイティブです。クリエイティブに生きていれば老化しません。むしろ延命して長寿が全うできます。ややっこしい会社での人間関係もなくなり、理想の暮らしに向かうことができます。

退職と同時に、意欲的な人は再び事業を始めたりしますが、会社生活を再現するよりは、無為自然のなかに、創造と美を求める生き方のほうが、もっと積極的な生き方ではないでしょうか。僕は、孤独を創造することによって、孤独を愉しめばよいと思います。孤独は創造の原点です。孤独ゆえに、創造的な人生が送れるのです。誰が一体、孤独は恐れるもの、避けるべきものと決めたのでしょうか。そう決めつけた人は、孤独の何たるかを知らない人です。真っ暗闇のなかに、一人ポツンと立っているのが孤独ではないのです。**孤独の前には、巨大な光り輝く太陽があるのです。**その太陽は、未来と創造と美の象徴なのです。

とにかく今日からクリエイティブに生きてください。どんな趣味でもいいです。趣味は他者と競うものではありません。自分と遊ぶ対象です。これこそが自由です。人間はこの世に遊ぶために生まれてきたのです。

そうではなく、仕事をするために生まれてきたのだという人がいれば、その人にとってはそうかもしれません。しかし、その仕事を遊ぶ術があるかどうかで仕事の価値は変わります。

人間がこの世で行うすべてが、遊びを源泉にして成立しているのです。さあ、残された人生をめいっぱい遊んでください。

**武蔵と小次郎（石井滴水画）の模写** | 1941年頃
〈鉛筆、クレヨン・紙／33.8×49.8㎝／作家蔵〉

横尾さんの現存する最も古い作品。5歳の頃、『講談社の絵本　宮本武蔵』から「巌流島の決闘」の場面を模写したもの。大人びた技術も驚きだが、元の絵にはない小次郎の両足を、他のページから引用して描き足すという工夫と画面構成力にも注目。横尾作品の特徴である模写とコラージュの原点がここにある。

# Ⅳ　芸術について

## たまに美術館に行って絵を見るのですが、何が素晴らしいのかよく分からず、すぐ解説文を読んでしまいます。絵の見方を教えてもらえませんか？

絵の見方は、りんごの食べ方や排泄の仕方と一緒で、正しい方法などありません。好きか、嫌いか、分からないか、そのどれかでいいのです。絵の見方が分からないと感じてしまうのは、絵の主題（テーマ）を探そうとしてしまうからでしょう。そして、すぐに解説文を読んでしまう。それでは、絵を見る機会を奪ってしまいます。

絵は、あくまでも「目」で見るものです。解説文を読むことは、「頭」で理解したにすぎず、絵が見えるようになるわけではありません。

あなたはふだん、人を見たり、風景を見たりするときに、頭で考えて見ているのですか？　目で見ますよね。「美人だなあ」「面白い顔だなあ」「美しい景色だなあ」なんて感想を抱くのではないでしょうか。これでいいのです。**絵も同じように目で見て、そのときの気分で絵を判断すればいいのです。**そして、その気分を言葉にする必要もありません。

画家も、主題を含めて最初からすべて分かっているわけではなく、分からないまま描いています。ひと言でいうと、いい加減に描いています。そんないい加減に描いた絵を真剣に見る必要はありません。いい加減に見ればいい。見方は、何だっていいのです。

パブロ・ピカソの描く女は、お化けのような顔をしています。モデルは美人だったのかもしれませんが、描いてみたら「こんな顔になってしまった！」と、ピカソ自身も思っていたはずです。だから見る側も、「ピカソはなぜ、こんな顔を描いたのだろう」と、頭で理解しようとする必要はありません。「画家には、美人がこんな顔に見えるのかな」と思う必要もありません。子どもが描く絵のようだなと思うなら、そのように見ればいいだけです。ピカソの描いた女だって、描いた結果がこんな顔になってしまっただけの話。描いている間に、筆が滑ってこうなってしまったんだ、くらいに思ってください。

また、「何が素晴らしいのかよく分からない」と書いていますが、すべての絵が必ずしも素晴らしいとは限りません。何が素晴らしいか分からないなら、「分からない」というのがあなたの見方なんです。「きれいな絵だな、きれいな色だな」と思えば、それで十分です。「変な絵だな」と思えば、その絵は変な絵だったんです。同じ絵でも、人は同じように見ていません。絵には、人それぞれの見方があるのです。

また、そもそも絵を見る機会を、あまり自分に与えていないということはありませんか。

展覧会でも、画集でもいいので、絵を見る機会をできるだけたくさん作ってください。そうすることで、ある日突然、絵が分かりはじめます。自分の見方ができてくるのです。そうしたら、しめたものです。絵という悪魔に取り憑かれ、イケイケどんどん式に片っ端から絵が見たくなります。そして一年も経てば、評論家のようなことを言いはじめます。こうして生活のなかに絵が必需品となり、絵がないと生きていけなくなるのです。

**Picasso misses his wives** | 2014年
〈アクリル・布／227.0×182.7cm／国立国際美術館蔵〉

横尾さんが画家転向を決心したMoMA（ニューヨーク近代美術館）でのピカソ展（1980年）の記憶と、ピカソへのオマージュ。7人の女性はピカソのミューズたち。ピカソが繰り返し描いたディエゴ・ベラスケスの《ラス・メニーナス》やエドゥアール・マネの《草上の昼食》も引用されている。

## 画家はなぜ、自画像を描きたがるのですか？　その心理がよく分かりません。

では、お聞きします。あなたはスマホで自撮りをしませんか？　新しい服を着たり、旅行中に観光の名所に立ったとき、自分を撮影しませんか？　たいていの人は、一度や二度は自撮りをした経験があると思います。

画家が自画像を描く心境と、自撮りをする心境は同じです。自分を描く、自分を撮るという気持ちのどこかに、自己愛というナルシシズムが潜んでいるのかもしれません。

もちろん、自分の姿にどっぷりと陶酔しながら自画像を描いた画家もいたことでしょう。たとえば、オスカー・ココシュカという画家は、多くの自画像を残しました。本人はその理由を、近くにモデルがいなかったからと言っていますが、僕は、実際は強い自己愛によるものだったのではないかと思っています。

また、レンブラント・ファン・レインは自身の絵のなかにさまざまな職業の人々を描いていますが、描かれた人物の大半は、レンブラント自身がモデルです。いろんな

**自画像の塔** | 2001年
〈アクリル、コラージュ・布／162.0×130.3cm／作家蔵〉

トーテムポールのように積み上げられた、さまざまな年代の自画像。空は緑と黄色の光で満たされている。右上には横尾さんが搭乗したニューオリンズ行きの飛行機。他の搭乗者が眠りにつくなか、横尾さんは機窓から空一面に広がるオーロラを見た。その神秘的な体験は新たなモチーフとなり、以後、繰り返し描かれている。

## スペイン人の友人にダリが好きだと話すと、微妙な反応が返ってきました。海外ではダリの話題は避けたほうが良いのでしょうか？

ダリは、自分の思いや考えをすべて絵のなかに描きます。日本人は、どちらかというと、説明を聞いて頭で理解するのを好む人が多いですよね。感性よりも言葉を信じる人には、ダリの説明的な絵がしっくりくるのでしょう。それが、ダリの絵が日本人にハマった原因だと思います。

僕はダリの絵はそんなに好きではありません。人の想像を掻き立てるような、イマジナティブなところがないのです。そのせいか、ヨーロッパでダリはあまり評価されていないように思います。また、ダリはフランコ独裁政権べったりのアーティストだったので、その人間性を批判されることも多いようです。

実は僕は、ダリに会ったことがあります。スペイン政府の招待でスペインに行ったときのことです。本当はジョアン・ミロに会いたくて、スペインの美術館のキュレーターに、「誰かスペインで会いたい人はいるか？」と問われたとき、まっさきにミロの名前を出したのですが、ちょうど僕が昨日まで滞在していた島にいるとのことで、限りある滞在時間のなかで再びその島に戻るわけにもいかず諦めました。「他に会いたい人はいないか？」と聞かれ、そこで、ダメ元でサルバドール・ダリに会えるか聞いてみました。

ダリに会うには、一年前からアポイントを取らなくてはいけないと聞いていたので、まあほぼ無理だろうと思っていたのです。約束も詳しい情報もないまま、とりあえずキュレーターの方が連絡をしてくれたダリ・ミュージアムに向かいました。到着すると、美術館の館長がいたので、「ダリに会えますか？」と聞いてみたところ、予想どおりけんもほろろな対応です。しかし、日本人がふらふらとダリを訪ねてきたことを疑問に思ったのか、訪ねてきた理由を聞かれたので、「僕は、スペイン政府の招待で日本から来たアーティストです」と伝えたところ、「え、政府から!?」と態度が一変し、目の前でダリの家に電話をかけてくれました。

「政府から招待を受けた日本人」ということが効いたのかどうかわかりませんが、ダリが会いましょうと言っているということで、ダリの自宅兼アトリエであるカダケスの家に向かいました。

先方から指定された時間は、昼の二時。約束どおり行ったにもかかわらず、ダリに会えたのは夕方六時を過ぎた頃でした。スペインの二時はシエスタ（お昼寝）の時間で、昼寝をしているとか、シャワーを浴びているとか、自伝を書き出したとか、絵を描き出したとかで、「もう一時間待ってほしい」が何度も続き、ダラダラと四時間ほど近くのホテルのカフェで時間をつぶしながら待ちました。さすがにしびれを切らして、もう帰ろうと思った矢先、ダリの妻であるガラ・エリュアールが会いましょうと言ってきたのです。

ダリの創作の源泉であり、悪妻として有名なガラに会えるなんて、ダリに会うよりも稀なことです。これは幸運かもしれないと思いガラに会ったのですが、そのときちょうど、ファッションモデルをしているガラの恋人もニースから来ていて、二人が目の前でイチャついているのです。そうこうしているうちにダリもやってきて、なんだかんだと会話をしながら、四時間ほど滞在しました。

この経験を海外の人に話すと、皆一様に驚きます。それほど、ダリに会うのは容易でなく、ましてやガラにも会えるなんてほんとうに珍しいようです。

しかし、ダリとガラに会っていた四時間、どのような会話をしたのかあまり覚えていません。そろそろ帰ろうと席を立とうとすると、ダリが「まあまあまあ」といって引き止めるのです。印象に残るような会話はなく、退屈だった記憶が残っています。なんだかよく分からない、不思議な経験でした。

とはいえ、**ダリが批判されていたり、評判が悪いからといって、あなたがダリを嫌いになる必要も、海外の方に意見を言うことをやめる必要もありません。**自分の感性を大事になさってください。

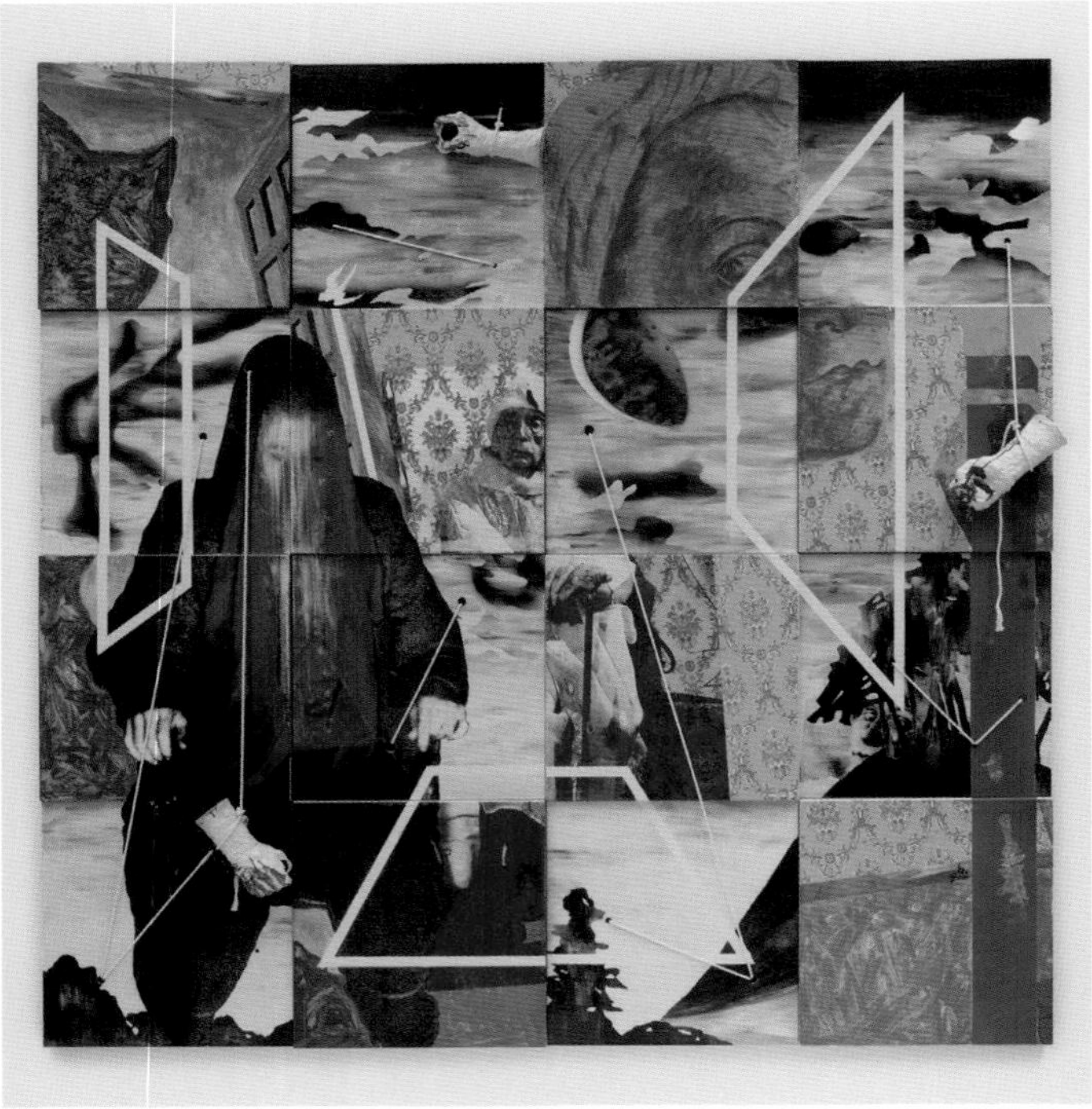

**降霊術（サルバドール・ダリの場合）**｜1986年
〈ミクストメディア・セラミック／240.0×240.0cm／大塚オーミ陶業株式会社＋作家蔵〉

横尾さんがスペインのポルト・リガトで、ダリとガラに会ったのは1973年。本作制作時にはガラは既に他界していた。この絵は最愛の妻を失ったダリの思いを代弁しているのだろうか。ガラを聖母に見立てた《ポルト・リガトの聖母》が引用されている。

## ミュージシャンの友人が多いそうですが、画家と音楽家で何か共通点があるのですか？

親しかったミュージシャンの友人知人は、その大半が亡くなってしまいました。現在、親交のあるミュージシャンはほとんどいません。でも、不思議な繋がりのあるミュージシャンといえば、国内では細野晴臣さん。実は昔、僕はＹＭＯ（イエロー・マジック・オーケストラ）の四人目のメンバーとして、デビュー寸前だったのです。そのきっかけが細野さんで、初めて彼に会ったときに、僕がインドの話をしたところ、僕が行くんだったら行きたいということで、インドへ一緒に行ったことがありました。その頃僕は、クラフトワークやクラウス・シュルツェ、タンジェリン・ドリームといった、現代美術と音楽が合体したようなジャーマンロックにハマっていて、当時細野さんがたまたま知らなかった音楽のことをたくさん話したら関心を持ってくれました。さらにその旅で僕は、レコード会社からの依頼で、現地の音を録音してアルバムを作ることになっていて、細野さんに僕のコンセプトを伝え、アレンジをお願いしました。それが「COCHIN MOON（コチンの月）」で、キーボードには坂本龍一さんなども参加しました。

そんなことがあって、細野さんは僕のような、音楽に対して外野席から意見が言える、ついでに、ＣＤジャケットのデザインやミュージックビデオを制作できるメンバーがグループにいると面白いと思ったんだと思います。

あるとき、ＹＭＯの結成記者会見をするから、僕もテクノカットにしてタキシードを着てくるようにと言われました。メンバーのなかで誰よりも早くテクノカットにして、あとは記者会見に行くだけでした。

ところが、記者会見の当日、僕は雑誌の締め切りを抱え、編集者がピッタリと横に張り付いているような状況。絶対に締め切りを延ばせないということで、その仕事を優先したら、記者会見の時間に間に合わなかったのです。遅刻して登場するくらいなら行かないほうがいい、そう思って記者会見には向かいませんでした。それは、僕の魂が何かを察知して行かせなかったんだろうと思います。結果、ご存じのとおり、ＹＭＯは細野晴臣さん、高橋幸宏さん、坂本龍一さんの三名で結成されました。

ＣＤジャケットのデザインのオファーなどは、海外のミュージシャンからが多いです。国内の若いミュージシャンからも、ときどき依頼を受けることがあります。僕は強度の難聴のため、彼らのコンサートに招待されても、その音楽を理解することはできませんが、どうしても僕の作品をジャケットに使用したいというミュージシャンには作品を提供しています。

また、過去に聴いていたミュージシャンから依頼があった場合は、耳がまだ健全だった頃に聴いた記憶を辿って、ＣＤジャケットのための新作を描くこともあります。海外のロックミュージシャンからは、僕の過去の作品からＣＤジャケットに適したものを提供してほしいという要望を受けることもあり、応えられる場合は引き受けています。

今後も、こうしたコラボレーションは成立するように思います。

ご質問の画家と音楽家の共通点については、どちらも感性に訴えるという点では同じですが、画家よりも、むしろミュージシャンのほうが美術への関心が高いように僕は思います。意外にも、ミュージシャンには美術学校出身者が結構多いんです。彼らは美術と音楽を一体化して考えているんだと思います。たとえば、トーキング・ヘッズのメンバー四人のうち三人は、アメリカのロードアイランド・スクール・オブ・デザインという美術大学に通い、そこで出会ったメンバーで結成されています。音楽家の美術への関心の高さは、画家への絵の要求などからも分かります。

一九六〇年代、僕がまだ若かった頃、ロックに強い関心を抱いていました。当時はLP全盛で、その時代を代表するほとんどのLPをコレクションしていました。八〇年代になって、デザイナーから画家に転向する頃には、ロックからクラシック音楽や民族音楽へと興味の幅が拡張し、世界と日本のありとあらゆる音楽を聴くようになりました。

グラフィックデザイナーを職業としていた時代はロックがすべてだったのですが、コマーシャルアートからコンテンポラリーアートへと作品の傾向が移るにつれて、それまで聴いたことのなかった音楽も聴くようになり、美術の多様性を、音楽にも求めるようになりました。そして、美術と音楽の多様性を探索する活動のその頂点で、僕は不幸にも、難聴という難病によって、人生と創造の必需品であった音楽と運命的に決別せざるを得なくなってしまったのです。

**僕が目下挑戦しているのは、絵画表現のなかに音楽的な要素を入れるということです。**自分では気付きませんが、耳にハンディがあるせいか、知らず知らずのうちに絵のなかに音楽が転生しているようなのです。

だけどそれは、見る人に音楽的な感覚がなければ分からないかもしれません。この前、僕のアトリエに、ミニマル・ミュージックの作曲家であるテリー・ライリーさんが遊びに来ました。僕の絵を見て、「これはすべて音楽だ」と言ってくれました。見る人が見れば分かるのです。赤青黄、三つの楽器を使っていることもすぐに見抜かれました。

絵を一つのオーケストラに喩えれば、さまざまな色や形が音色を奏でています。僕の絵のなかには、難聴によって決別させられた音楽が蘇っているのです。

**ハーレム・ミュージシャン** | 2011年
〈油彩・布／65.2×53.0㎝／細野晴臣氏蔵〉

細野晴臣さんの依頼から4年を経て完成したのは両性具有のミュージシャン。楽器（?）にはマルセル・デュシャンの絵画の一部を引用。細野さん愛用のiPadや好きだったタバコ「チェリー」（この年製造中止になった）など、長い付き合いだからこそ知っているアイテムも描かれている。

## プロになろうとは思いませんが、絵やイラストを上手く描けるようになりたいです。コツを教えてください。

プロになろうとは思わないというのは、いい心がけだと思います（笑）。

プロになるとシンドイです。絵はアマチュアでいいんです。絵は、目的のために描くものではなく、描くことそのものを目的にするのが、絵を描く醍醐味です。プロになると、大義名分に従ったり、何かの目的や結果を想定したりするので、真の楽しみを忘れてしまいます。

絵を上手く描こうなんて考えは捨ててください。絵に上手も下手もありません。あなたが上手いと思うのはどんな絵ですか？　写真のようにリアルに描かれた絵でしょうか。子どものような絵は下手だと思いますか？　どんな絵が上手くて、どんな絵が下手なのか、僕には分かりません。

子どもの描く絵が、ピカソより面白いというようなことだってあります。実はピカソは、いかに下手な絵を描くかという努力をしていました。下手というよりも、純真無垢な子どもの魂を持ち続けようとした、と言ったほうがいいかもしれません。子どもは大義名分や何かのために絵を描いたりしません。活動の根源は遊ぶということそのもので、遊ぶことには、目的も計画も結果もありません。子どもは皆、生まれながらにして天才です。一方で大半の大人は、結果を考え、計画を立て、それに従って行動します。だから、面白い生き方や面白いものを創ることができません。子どもの絵に敵わないのです。

インファンテリズム（幼児性）をいつまでも失わなかったのがピカソです。だから**ピカソに言わせれば、子どものような下手な絵こそ上手い、ということになるのです。**

絵なんて思うように描けるものではありません。だから、上手い下手という観念を捨てて、描くこと自体を楽しんでください。描いていて楽しい、面白い、そういう気持ちで描いた絵が素晴らしいのです。絵のコツなどはありません。もしあるとすれば、描くことを純粋に楽しむ、その気持ちだけです。

ただし、プロになるなら話は別です。学校へでも行ってください。僕が教えていた美大生は、全員がプロを目指す人たちでした。プロになるためには、絵の地獄を経験する覚悟が必要です。アマチュアでいるならば、上手い下手を無視して、絵の極楽を味わえます。自分が極楽に行きたいのか、地獄に行きたいのか、どうぞご自分で決めてください。

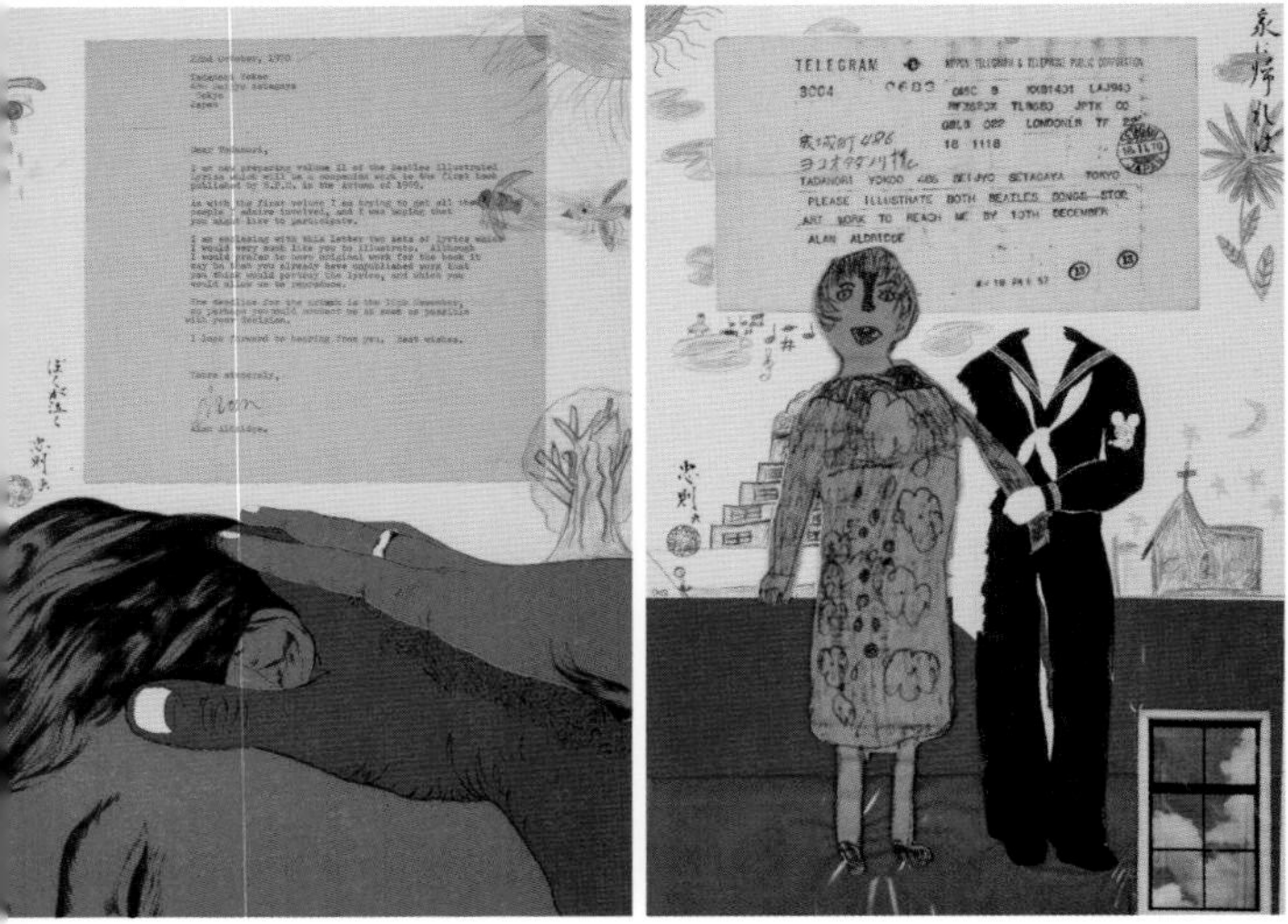


**『The Beatles Illustrated Lyrics』のための原画** | 1970年
〈色鉛筆、インク、コラージュ・紙／各51.4×36.3cm（2点組）／作家蔵〉

ビートルズの楽曲からインスピレーションを受けたアーティストたちによるビジュアルブックに提供した作品。本書を編集したグラフィックデザイナーのアラン・オルドリッジが提案した楽曲「家に帰れば（When I Get Home）」に対して、横尾さんは2人の子どもたちが描いた絵のコラージュで応えた。オルドリッジからの手紙も貼り付けられている。

## アーティストは、自分が表現したいものを創作することが目的なのですか？それとも、人の心に何か衝撃を与えたいと考えているのですか？

僕の場合は、表現に目的はありません。何か表現したいといっても、その何かが分かりません。なんでこの絵を描いているのかさえ分かりません。描きたいから描いているのか、それとも描けてしまうから描いているのか、そんなことすら考えていません。頭ではなく、身体が勝手に描いてくれます。まさに子どもがそうです。子どもはいちいち考えて描いたり、創造したりしていませんよね。目的も結果も考えず、手が勝手に動いているのです。

僕も同じで、**描こうという衝動に従い、ご飯を食べるように描くようにしています。**そして、「あっ、こんな絵が描けちゃいました」で終わりです。それでいいのです。

以上は僕の場合ですが、別の人は、考えて考えて考え抜いて、考えた結果をそのまま描くという人もいます。また、考え続けながら描く人もいます。このように頭で描く人たちは、非常に知的な人かもしれません。

僕は、頭というよりは身体の赴くまま、手が動くのにまかせて描くので、出来上ががった作品は、知性というよりは感性によって描かれた絵になります。したがって、見る人も感性で見てくれます。

**切断された小指に捧げるバラード（八九三書房）** | 1966年

〈シルクスクリーン・紙／102.6×72.0㎝〉

「八九三書房」とは架空の出版社。つまり本作にクライアントはいない。横尾さんの高倉健熱が高じて自主制作したポスターである。その後、心血を注いだ写真集『憂魂、高倉健』が1971年に発行されるも諸事情で店頭に並ぶことはなく、横尾さん監修の復刻版が日の目を見るのは38年後のことであった。

## 天才的な才能を持つアーティストに無条件に憧れます。横尾さんが考える天才とは、どんな人でしょう?

天才は努力の賜物だとよく言われますが、努力してなるものではなさそうな気がします。努力によって何かを成すのは、天才というより秀才に属する人ではないでしょうか。どうも天才は、天才たるべくして生まれてきた人のように思うのです。

天才は、関心のある事柄を徹底的に遊びます。遊ぶということは、結果や目的を考えず、たった今、自分が夢中になっていること自体に快楽を感じている状態です。

つまり、社会や第三者などの外部から与えられるものではなく、**内部から湧き上がる創造的な衝動に素直に従うことのできる人**で、すなわち気分に忠実で、そのときの気分で行動できるエネルギーを持った人ということになります。そういう人は、結果も目的もどこかで無視しているんです。計算高く損得を考えたりはしません。そして、子どもの精神を持った人間です。子どもは、純粋、素朴、無心、無垢な心で遊びますよね。

たとえば三島由紀夫さんは、最後まで子どもの精神を持ち続けた人でした。個人的な付き合いのなかで、僕がいつも驚かされていたのは、三島さんの幼児性です。多くの人は、三島さんのことを、大人で、知的で、教養のある人だと思っているようですが、もちろんそういう一面も持っていたけれど、その根幹の精神は子どもでした。

三島事件の割腹自殺は、三島さんの幼児性をもっとも象徴する出来事だったと思います。まさに、子どもが衝動的に行動したようなものです。あの事件の根本にあったのは、三島さんの演劇性で、演劇性というのは幼児性とも言い換えられます。つまり、自分が主役になって、人に注目されているなかで何かをやるというのは、子どもの精神から生まれるのです。三島さんも、誰もいない部屋の片隅では、割腹することはできなかっただろうと思います。彼のいちばん子どもらしいところが現れた結果が、割腹だったのです。その幼児性が、三島さんの天才性に繋がっているのだと思います。天才は皆、子どもです。大人の天才なんて、一人もいません。

今の世は、天才と秀才が混同して語られがちです。秀才は非常に頭のいい人たちですが、天才は必ずしも頭がいいとは限りません。むしろ、常識や通念では理解できない突飛な発想をします。人は、そのような言動に恐れを感じることもあれば、大勢から圧倒的な人気を得る場合もあります。いわゆるオーラのある人です。三島さんに言わせれば、霊性のある人です。そして三島さんは、こういう人物は、この地上で評価されるよりも天上で評価されるということを知っている人でした。

だからこのご質問への回答は、天才とは、前世から約束されてこの地上に生を享けた人ですね。

**天の足音** | 1996年

〈アクリル・布／227.3×181.8㎝／作家蔵（広島市現代美術館寄託）〉

赤い夜空を渡る不気味な足跡。星空を眺める仲睦まじいカップルの傍にはひっくり返って起き上がれない亀。無数の星が形作る「天才ハ忘レタコロニィヤッテ狂ゥ」の文字は、寺田寅彦の警句をもじったものだ。阪神・淡路大震災の翌年に描かれた本作には、儚(はかな)い生が詰まっている。

## 迷ったとき、苦しんだとき、「自分を支えた言葉」を教えてください。

迷ったとき、苦しんだとき、ではないですが、あるとき、三島由紀夫さんから聞いた言葉があります。これについては、今までもたびたび語ってきました。三島さんが僕に与えてくれた芸術に関する教訓で、言葉としては素晴らしいと思いますが、実践するのはそう容易ではないと思います。

つまり、こういうことです。**タテ糸が創造だとすると、ヨコ糸は礼節である。この両者が交わったところに霊性が生まれる。**と言われても大半の人は、何のことやらという感じではないでしょうか。第一、霊性とは如何なるものか。どうやら地上の事物を語る言葉ではなさそうです。われわれは地上に生きています。別に天上で生きているわけではないので、地上で通じない言葉は必要ないといえばそのとおりですが、三島さんはあえて天上的な言葉で芸術を語ろうとされた。ということは、芸術はもともと天上を源泉とするものである、と三島さんは言いたかったのかもしれません。この考え方に、僕は非常に興味があります。

三島さんが言いたいのは、地上で通じるような創造ではなく、もっと高いレベルの創造、神が関与したとしか思えないような天才的な創造のことだったのでしょう。そうした作品を可能にするには、ふだんの生活レベルから礼節が必要です。礼節を伴うことによって、創造は天上的な作品に昇華する、そう考えたのかもしれません。知性によって創造された作品ではなく、もっと高次な意識によって裏付けられた作品、つまり霊的な力を持った芸術作品こそ、人の魂を揺さぶることができる。だから、君もふだんの生活から礼節を尽くしなさい。するとそれがいつか、霊性を宿した作品を生むことになる、と。

実際、三島さんは実に礼節の人でした。身をもって、霊性の芸術を体得されようとしていたかのようでした。

三島さんは礼節の反対の行為として、無礼という言葉もよく使われました。僕はこう言われたことがあります。「横尾君の作品は無礼極まりない」、そして「芸術は無礼であっても良いが、人間は無礼であってはいけない」と。

僕の説明では不十分ですが、なんとなく礼節と創造の関係が分かっていただけたのではないかと。自信はありませんが、まあ、そういうことです。

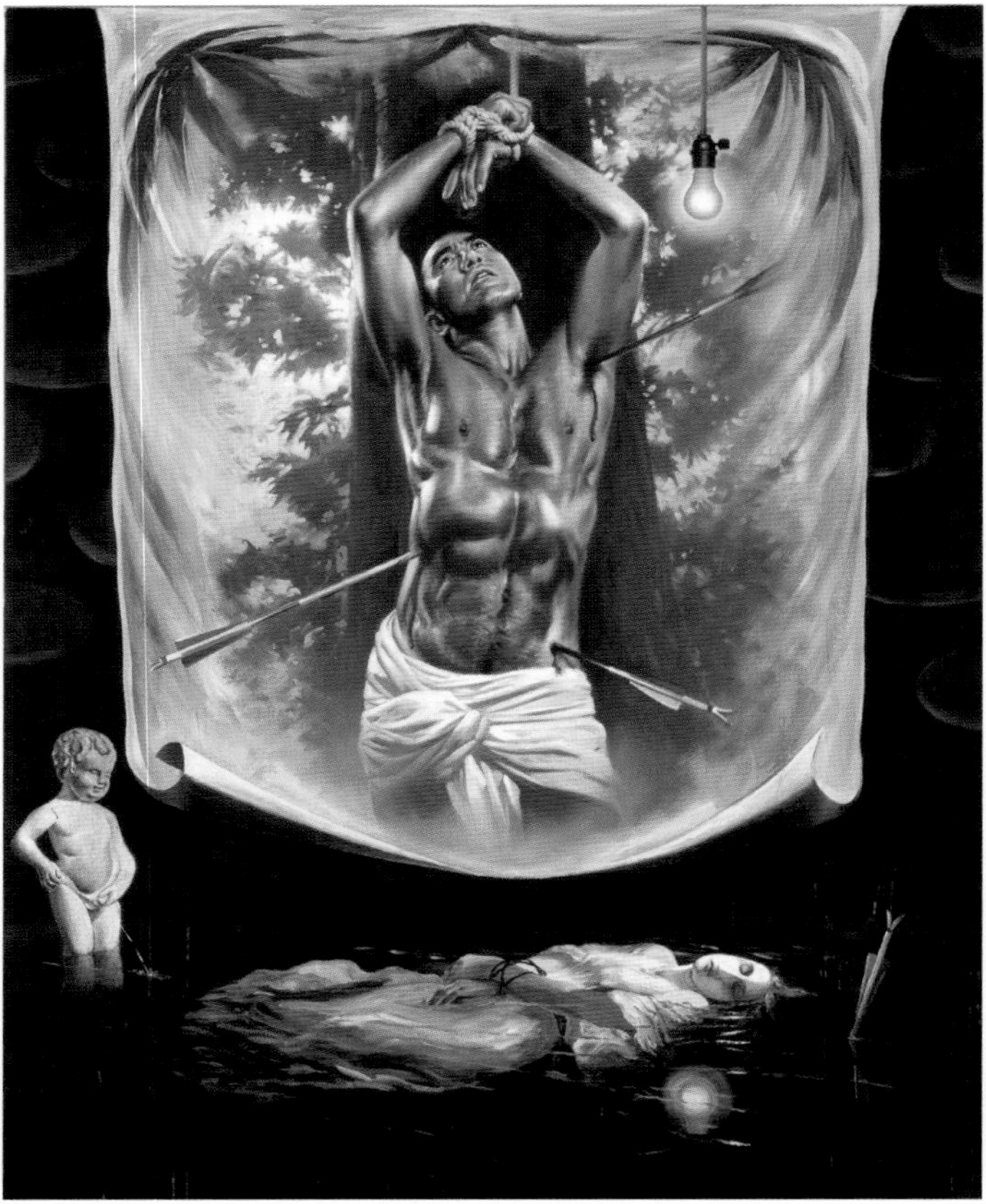

**理想の実現** | 1994年

〈油彩、アクリル・布／227.3×181.8cm／兵庫県立美術館蔵〉

聖骸布のような布に浮かぶ三島由紀夫。愛好したグイド・レーニの絵画「聖セバスチャン」に自ら扮した殉教図は、澁澤龍彦責任編集『血と薔薇』創刊号（1968年）掲載の写真（撮影：篠山紀信）からの引用だ。この後、横尾さんと2人で「男の死」を演じる写真集の企画があったが、三島の死によりお蔵入りに。

※撮影済みだった三島のパートは、2020年に出版された。

# V 仕事について

## 独学で素晴らしい仕事をされている人を見ると、大学で学ぶことに意味はあるのかな、と感じます。横尾さんはどう思われますか？

僕は、一度も専門教育や大学での教育を受けていません。高校卒業と同時に社会人になってしまったので、勉強する時間はありませんでした。

僕は現在、画家として活動していますが、その前はグラフィックデザイナーを二十数年やっていました。グラフィックデザイナーは、クライアントから依頼を受けて作品を制作する職業であるため、専門的なデザインの知識と技術が要求されます。なので、アカデミックな教育を受けずに、いきなりデザイナーになるのはたいへん難しいものがあります。

専門的な教育を受けていない僕がグラフィックデザイナーになることができたのは、運がよかったからです。そしてそもそも、グラフィックデザイナーになるつもりなどありませんでした。絵を描くのは好きで、絵本や銀幕スターのポートレイトを模写して遊んでいましたが、それは趣味の一環でした。だから、絵を職業にするなんて発想はまったくなかったのです。

転機は突然訪れました。地方紙にカットを応募する欄があり、そこへカットを投稿して遊んでいたところ、同じように投稿をしていた神戸在住の高校生から声を掛けられて、五人でグループ展をすることになりました。全員、絵を趣味にしている若者ばかりで、プロは一人もいません。さっそく神戸の元町通りにある喫茶店の二階を会場にして、小さな展覧会を開きました。その展覧会に偶然入ってきたのが、神戸新聞社の図案部の部長と、イラストレーターの灘本唯人《なだもとただひと》さんでした。二人は、元町通りを歩いていたときにちょうど喉が渇き、たまたま見つけた喫茶店に入っただけで、展覧会を観にきたわけではありません。

偶然入った喫茶店で、たまたま展示会が開催されており、そこで見た僕の作品に目が止まって、その場で僕を神戸新聞社の宣伝技術研究室にスカウトしました。高校を出たばかりのずぶの素人が、デザインに関する知識も技術も持たないまま、いきなりプロのグラフィックデザイナーになったのです。

僕にとっても、両親にとっても大事件で、何かの間違いではないかと思いました。もちろん、自信などまったくありません。でも、言われたとおりのことをやりました。最初は小さなカットを描いたり、図案文字の仕事が中心でしたが、手がけた仕事はすべて採用され、そのことが嬉しくもおかしくもありました。右も左も分からないまま描いたカットやデザインが、そのままほぼ全作採用されるのです。会社からの勧めで出品した展覧会では入賞したりと、不思議としか言いようがありませんでした。いつほんとうの実力がバレて、クビになるかと少し不安もありましたが、この程度でいいのかなと思う気持ちもありました。

入社して二年目の頃、日本宣伝美術会という日本最大のグラフィックデザイン展で作品が二点入選、翌年は入賞し、その結果最年少の会員として推挙されました。ど素人が、四年目にはプロのグラフィックデザイナーとして東京へ進出することになりました。

その後、独学のまま十年足らずで、「ペルソナ」展という日本のトップデザイナー十一人が集められた展示会に、デザイナーの一人として声をかけられました。僕は最年少で、他には粟津潔さん、福田繁雄さん、細谷巖さん、片山利弘さん、勝井三雄さん、木村恒久さん、永井一正さん、田中一光さん、宇野亞喜良さん、和田誠さんと、ほんとうに錚々《そうそう》たるメンバーでした。

アカデミックな基礎教育を一切受けていない我流の若者デザイナーが、トップデザイナーの仲間入りを果たしたのです。無知蒙昧なままデザイナーになったことで、反アカデミック、反モダニズムのデザイナーとして、一九六〇年代を象徴する存在にされてしまいました。

その後の九〇年代には、画家として美術の世界に飛び込むのですが、その行為も無謀といえるものだったと思います。それも独学ゆえ、恐れを知らないからこそ成せた業《わざ》だったのかもしれません。もし正統なデザインや美術教育を受けていたら、約束事に従った作品しか作ることができなかったでしょう。専門教育を受けていないために、何がタブーで、何がタブーではないのかを区別することができなかった。だから、自分の気持ちに従うしかなかったのです。**アカデミズムがいちばん恐れるのは「気分」です。**だからこそ、僕の武器は「気分」なのだと思います。

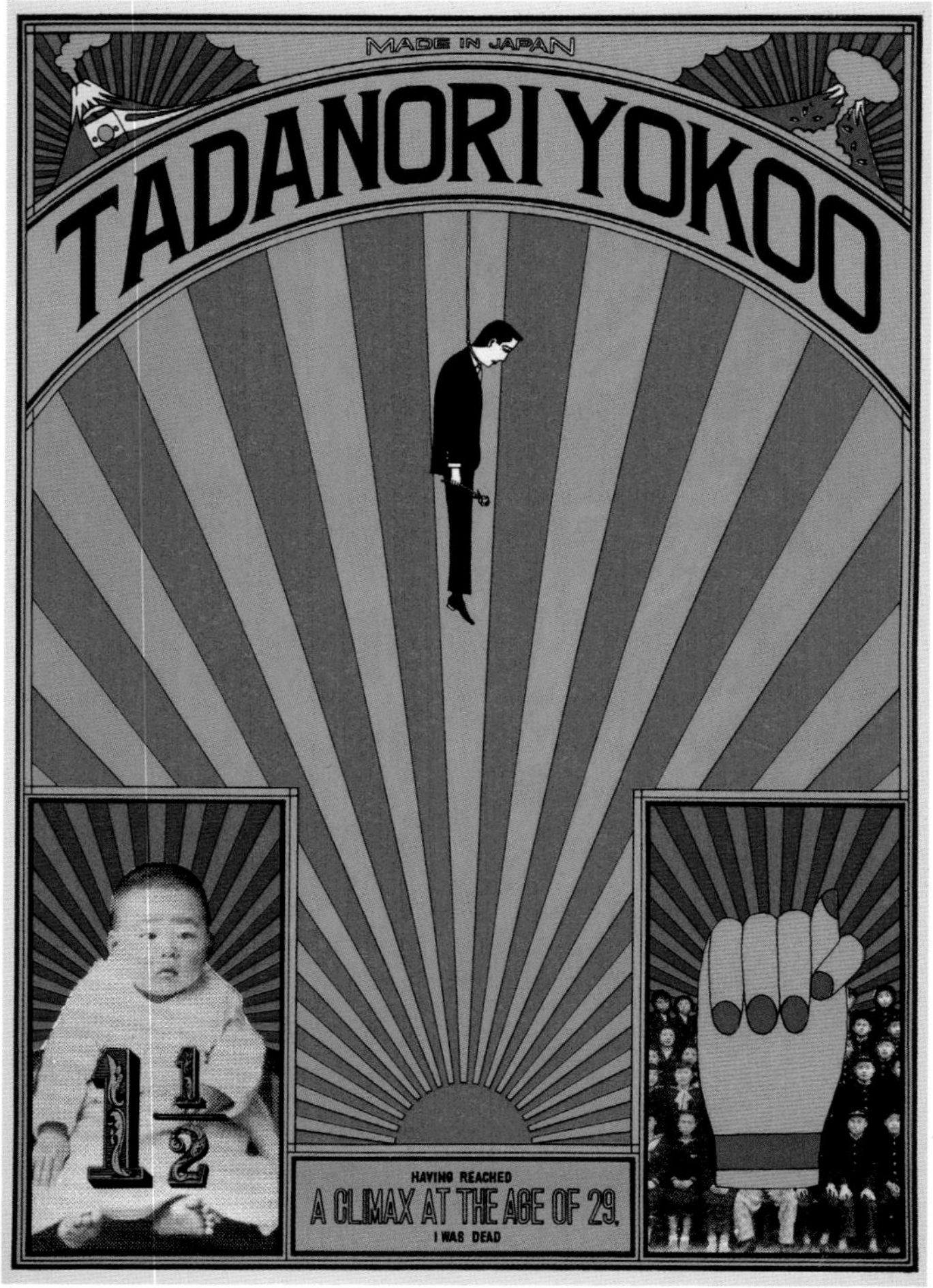


**TADANORI YOKOO（自主制作）**｜1965年
〈シルクスクリーン・紙／104.5×75.4㎝〉

「ペルソナ展」出品のため自主制作したポスター。旭日模様をバックに、スーツ姿で薔薇（ばら）を片手に首を吊る男性は横尾さん。モダニズムとの訣別だろうか。画面下には「29歳で頂点に達して僕は死んだ」のテキスト。死と再生を意図した、自分自身のための広告だ。

## どの仕事もそうだと思うのですが、手をかけるほど良いものになる気がして、ケリをつけられません。絵を描いているとき、「これで完成！」という瞬間は訪れますか？

僕は気が短いのか、絵が完成（これが分からないのですが）する以前に、「できた！」と思ってしまいます。

一方で、手をかければどんどん変化するので、その変化のどこで筆を置いたらいいのか分からなくなり、やりすぎて画面を汚してしまい、「さっきのほうが良かったのでは？」と思うこともたびたびあります。

**よく考えると、完成というのはないのではないでしょうか。僕は飽きたところで「ヤーメタっ！」と言って、そこで描くことを放棄します。**そして、それを「完成」としてしまいます。

人間というのは、未完で生まれて、完成を目指しながらもついに完成せず、未完のまま死んでしまう人が大方です。ですから、人生は常にプロセスの途中であると思います。だから、そのプロセスをうんと楽しめばいいんじゃないでしょうか。

どんな日も、眠りによって一日が終わります。「今日は、一日が立派に完成した」といって床に入る人はいませんよね。だから仕事も、完成というのはないように思います。明日へ持ち越すことによって、明日が存在すればいいんじゃないでしょうか。

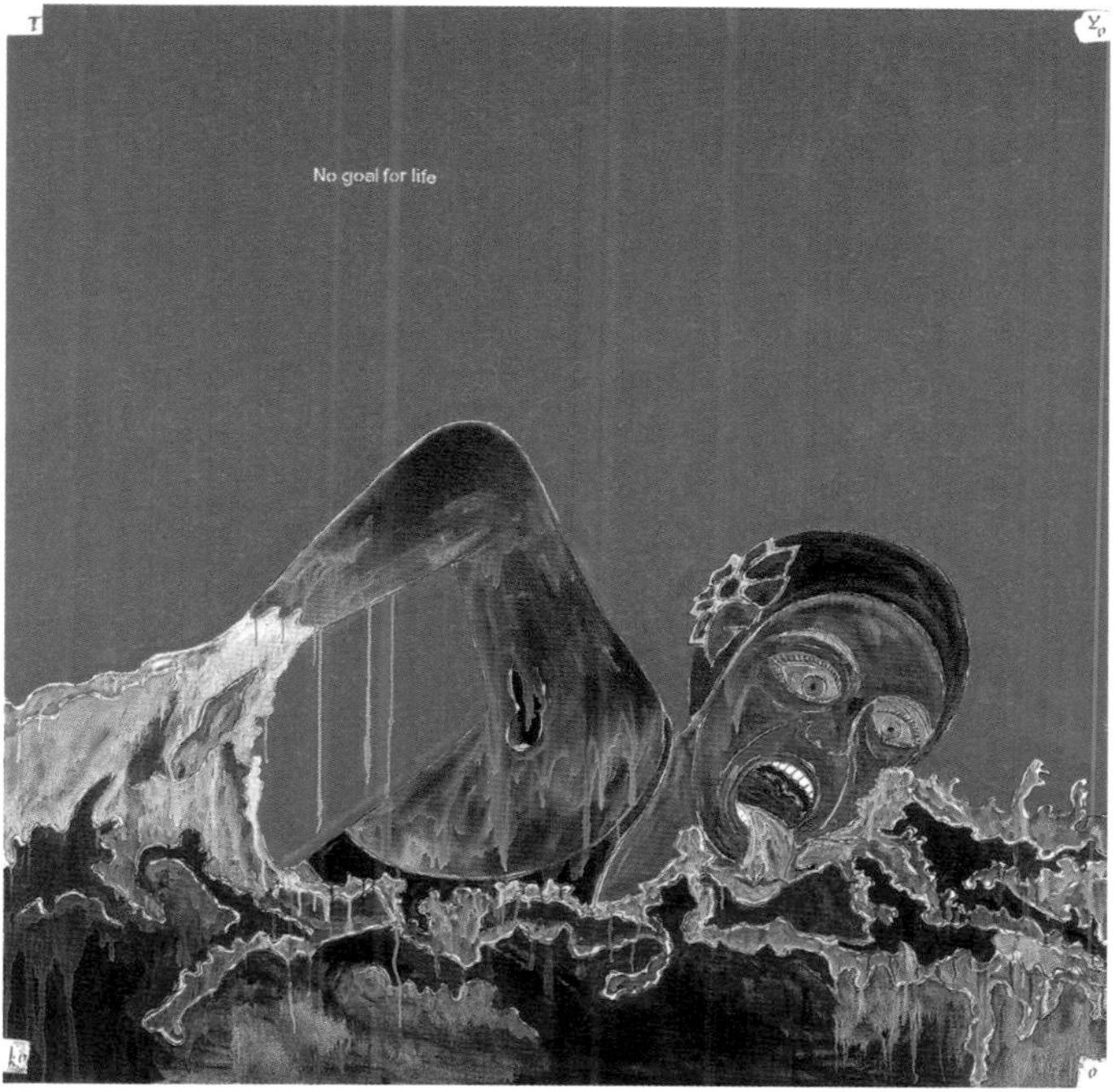


**人生にはゴールが無い** | 2005年
〈油彩、アクリル・布／162.1×162.1cm／国立国際美術館蔵〉

1966年制作の自作《お堀》をアレンジした作品。背景には「No goal for life」の文字。人生を泳ぐことに喩えているのだろう。なお、《お堀》の反復作品はこの後にも数十点描かれている。反復し続けることによって、完成を先延ばしにしているようだ。

## 転職を考えていますが不安です。横尾さんは転身されていかがでしたか？クライアントから依頼を受けて仕事をするデザイナーと画家では、仕事のやり方がだいぶ違うと思うのですが。

デザイナーから画家への転身は、自ら求めて行動を起こしたのではなく、僕の内部で起こった強い衝動に従ったまでです。僕は常に、このような衝動には従うようにしています。なぜなら、それがそのときに、もっともふさわしい「出来事」であると思うからです。

内なる見えない力が僕に働きかけたわけで、それに抵抗する必要はありません。人間には、ときに自分の意思を超えて、理不尽とも思えることが起こります。その衝動は、ある人にとっては煩《わずら》わしいものかもしれませんが、僕のように常に変化を求めている人間にとってはチャンスです。

ご質問者の方は転職をお考えのようですが、そのことが不安であるということは、まだ機が熟していないのでしょう。もう少し、様子を見られたほうが良いように思います。そのうち、のっぴきならない衝動が生まれて、転職せざるを得ないときが来るかもしれません。それこそが、あなたの宿命です。しかしその前に、現在与えられている仕事について、深く考えてみる必要がありそうですね。

あなたは、今の仕事に満足ですか？

満足できていないなら、どうすればいいか考えることで、次なる行動が見えてきます。経済的な条件には満足していても、自由が束縛されていると感じるなら、その原因を考えてみましょう。しかし、その答えは簡単です。自由が、それを束縛する経済の力に屈してしまったからです。

経済的な豊かさを取るか、自由を取るか、ご自身がどちらに重きを置くかです。

もう一つのご質問は、デザイナーと画家の仕事の違いですね。

**僕にとってデザイナーは「仕事」でした。それに対して絵は「人生」であり、生きるということです。**

デザインは役に立つ仕事です。美術は役に立ちません。しかし、実は役に立つはずのデザインは、役に立ちません。役に立たないはずの美術は、役に立ちます。これはどういうことかというと、デザインは合理的で機能的、生活の役に立つものです。しかし重要なのは、それが人生にとってどれほど役に立つかということです。美術は、機能的でも合理的でもありませんが、生きる力を与えてくれます。

**ディナーパーティーの話題** | 1982年
〈油彩、アクリル、ジェッソ・布／227.3×145.5㎝／国立国際美術館蔵〉

いわゆる画家宣言後、最初の個展で発表された作品。確立したデザインの手法を封印した実験的な作風は、再出発の意気込みを感じさせる。大画面に激しい筆致の本作には、横尾さんがヨーロッパ旅行で実見し、刺激を受けた新表現主義の影響が見られる。

## 英語教師をしていますが、十年後、二十年後にはテクノロジーが進化し、私の職業は不要になるのではないかと心配です。

どうして、まだ来てもいない先のことを考えていらっしゃるのでしょうか。そのときが来たら、対応すればいいんじゃないですか。あなたが今、想像されている十年後と、実際の十年後はかなり違うと思います。社会もあなたも流動する存在です。ありとあらゆる状況が重なって、あなたの環境も変化します。

過去の十年、二十年と違い、これからの十年後、二十年後は、想像を超えた世界になっていくでしょう。あなたが変わらなくても、社会が著しく変化します。現代の社会の状況は、極端な言い方かもしれませんが、日々変化しています。

人間にとって大事なのは、過去でも未来でもなく、「たった今」です。

あなたが存在しているのも、昨日でも明日でもなく、今日のたった今、この瞬間なのです。あなたは、今、今、今の連続のなかにしか生きていません。

だから、**あなたが見つめるべきは、十年、二十年先の未来ではなく、目の前にあるたった今の時間だけです。**

**昨日　今日　明日**｜2006年

〈油彩・布／130.7×162.0㎝／作家蔵（横尾忠則現代美術館寄託）〉

琴平温泉取材時に、金比羅宮書院で見た円山応挙の鷹の絵を、金沢のY字路に引用。障壁画とも黄昏（たそがれ）の風景ともとれるぼんやりした背景の色は、2つの地名の「金」に由来するのだろうか。部分的にのぞくクリアな描写は「いま」の鮮やかさを感じさせ、2都市の合成は、イタリアの3都市を舞台とした同名のオムニバス映画を想起させる。

## スピーチやプレゼンテーションをするのが大の苦手です。人前で話し始めると、自分が何を話しているのか分からなくなります。どうしたらよいかアドバイスをいただけませんか？

僕も、人前でスピーチをするのは大の苦手です。今もそうですが、子どもの頃からものすごく人見知りで、そのため人の前で話すのが苦手なのです。

でも考えてみてください。大勢の人の前で、見事にしゃべる人がいますよね。でも、その話が上手ければ上手いほど、心に響かなかったり、理屈ばかりが目立ってつまらなかったりすることが多いのに気づきませんか？　理路整然と立て板に水のように話す人がいますが、感情が入っていないような気がしてちっとも面白くないのです。

その点、話し下手で訥々《とつとつ》としか話すことができない人の言葉には、心が惹かれます。「あの……」とか、「その……」とか、ときには口ごもってみたり、話が途切れたりする人のほうが感動的です。

講演の依頼を受けるような人は、ほとんどが話に自信がある人で、人前で話すのが好きな人です。偉い先生など講演慣れしている人（芸人は別ですが）の話は、どうも心に残りません。

　僕は、講演の仕事はほとんどしません。あなたと同じように、話をしていると、自分でもよく分からなくなることがあるからです。

**昔テレビに出演し、ひと言もしゃべらないまま収録が終わってしまったことがあります。**このときは、しゃべらなかったことが逆にウケて話題となりましたが、もし、しゃべることを強要されていたらと考えると地獄です。

　また、会議などでは、どうも会議用の言葉というのがありそうな気がしています。会議の好きな人は実に上手にしゃべりますが、もちろん僕はこのような場が苦手なので、いつもボソボソとしゃべって終わります。しゃべり下手だと、仕事の評価に関わると考える方もいるかもしれません。でも、実質的な仕事でちゃんとしていれば問題ないと思います。

　人前で話すのが苦手なあなたに何かアドバイスをと言われても、僕自身がそうでしたから、何をアドバイスしてよいやら分かりません。でも、ペラペラと演説口調で話す必要はないので、ごく普通に、ふだん話しているような話し方で、できるだけ短く話すというだけでいいと思います。ただ、妙に恥ずかしがったりはしないほうがいいでしょう。自然体がいちばんいいのですが、あなたは多分、この自然体が難しいのでしょうね。どこかで気取っているのかもしれません。気取りを取れば、普通に、上手に話すことができると思いますよ。

**ニューオリンズからの使者** | 1994年

〈アクリル・布／227.2×182.2cm／作家蔵（横尾忠則現代美術館寄託）〉

ニューオリンズでの個展のための作品。横尾さんを迎えにきたアメリカ先住民の霊が描かれている。現地の講演会で話のネタに困った横尾さん、「『アメリカ人は単純だから最初に面白い話をガツンと一発かましたほうがいい』と昨日、日本領事館の方に助言されました」と話し始めると、聴衆は手を叩いて大爆笑。その後は何を話しても笑いの渦だったそう。

# Ⅵ　禅について

## なんとなく避けていたのですが、最近、禅に俄然興味がわいてきました。横尾さんは禅を、どう捉えていますか？

僕が禅を始めたきっかけは、一九六七年にニューヨークに一人旅をして、四ヵ月近く滞在したことです。この頃、ニューヨークは、ヒッピーカルチャーやサイケデリックムーブメントなどの若者文化が沸騰していました。一方、ベトナム戦争で、アメリカ中が揺れ動いている時期でもありました。そんな最中、僕は何人もの知識人に会いましたが、彼らの多くがZEN（禅）に興味を持っていました。僕が日本人だと知ると、たびたび禅について問いを投げてくるのですが、僕は日本人でありながら禅についてはチンプンカンプン。

彼らは、禅を鈴木大拙の書物から学んでいました。前衛音楽のジョン・ケージも、禅の精神と思想を自分の音楽に取り入れようとしていましたが、あくまで禅を芸術の発想に活用しようとしていて、禅を体得しようとする気持ちは真似事程度、言葉や観念を通じて禅を思想化することに関心が向いていたように思います。

僕は、禅をほんとうに知るためには、書物ではなく、座禅によって体得すべきではないかと思い、帰国すると、まず横浜の鶴見にある曹洞宗大本山の總持寺《そうじじ》に参禅することにしました。

そこでは、一炷《いっちゅう》といって線香が一本燃えつくす時間、だいたい四十五分くらいですかね、その間ただ黙って座るのです。少しでも姿勢が崩れたり揺れたりすると、雲水の警策《きょうさく》が入ります。別に痛くはないですが、心身がピシッとします。

禅寺の生活は早朝四時頃に起床して、まず座禅から始まり、午後も夕方も夜も座禅をします。座禅をしない時間は作務《さむ》といって、寺院内や庭の掃除をさせられます。特に便所掃除は、便器がピカピカになるまで磨き上げます。掃除をすることによって、清潔にすると同時に、心の浄化にもなるというのです。

単頭老師（僧堂の中で最も上の人）による講話の時間もありますが、禅はむしろ言葉や観念を否定して、自分を放下《ほうげ》するのが主要目的です。座禅中にはありとあらゆる雑念が去来します。それに引きずられず、現れる雑念を次から次へと流していくのです。雑念にとらわれると、そこから一歩も動けなくなってしまいますが、これはダメです。物事にとらわれ、執着してはいけないのです。われわれの日常の思考とは真反対です。とらわれることから如何に自由になるか、というのが座禅です。座禅は理屈の世界から離れることですから、特にアメリカ人にとってはキツい修行かもしれません。

現代社会には言葉が氾濫していて、言葉の呪縛を受けていますが、そういう今日的なものとは対立した生き方を諭《さと》すのが禅です。**禅は語るものではなく、まず肉体による体験です。**座禅によって思考の束縛から次第に自由になっていくことで、真の自由が獲得可能になるといいます。僕はその端くれを体験した程度で偉そうなことは言えませんが、冷やかし程度でもいいです。一度、参禅をして、何らかの変化を経験するのも悪くないと思いますよ。

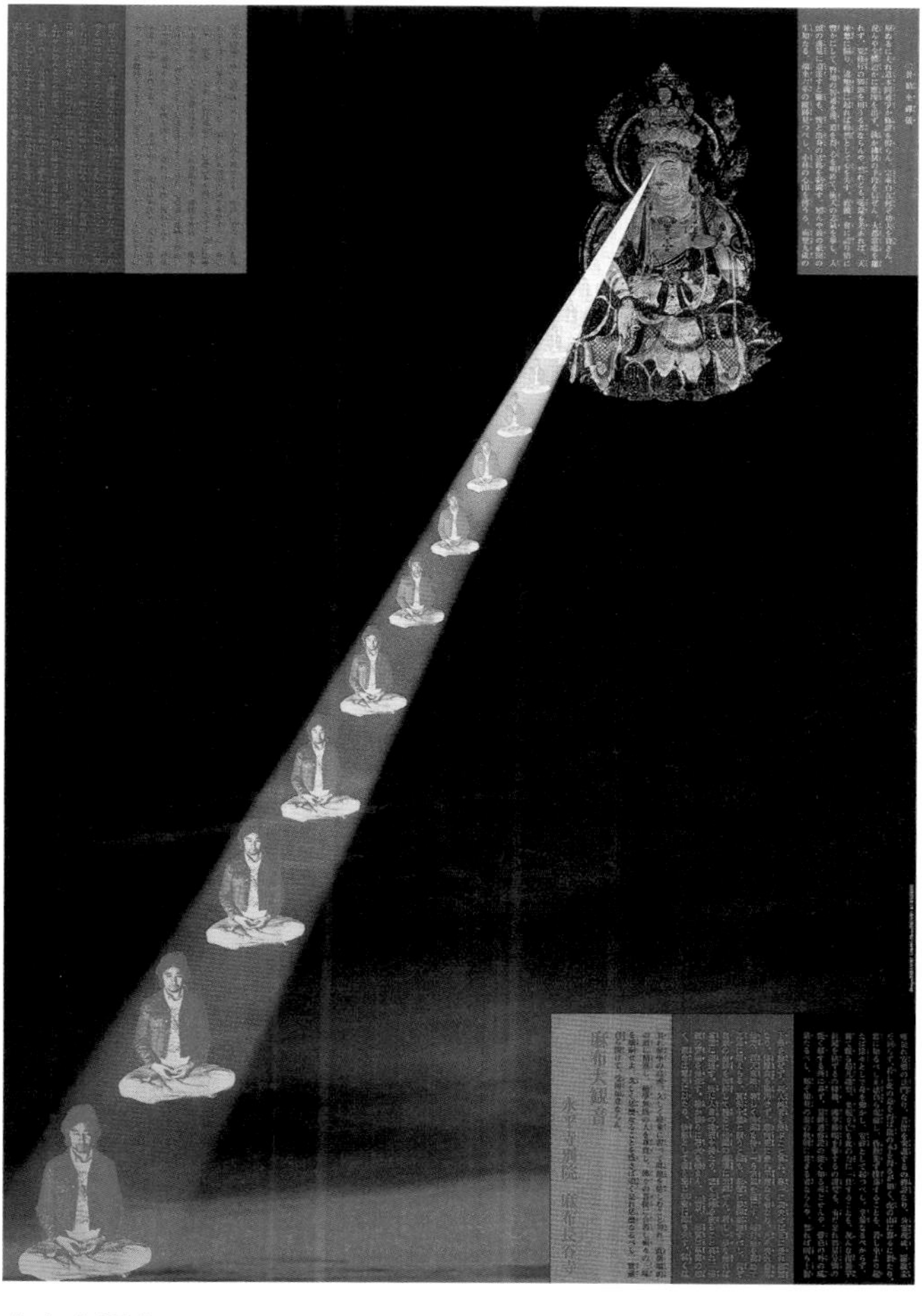


**麻布大観音（永平寺別院麻布長谷寺）** ｜ 1977年
〈オフセット・紙／103.0×72.8㎝〉

各地での参禅体験をレポートするという雑誌連載の一環で、1976年12月、横尾さんは永平寺別院 長谷寺を訪れた。本作で、十一面観世音菩薩の白毫（びゃくごう）から放たれる光の中で座禅するのは横尾さん。このポスターは、今も仏像の体内に奉納されているのだそう。

## 横尾さんの絵には仏教の影響があるように思いますが、どのように学ばれたのですか?

僕は仏教を本格的に学んだわけではないので語る資格はないのですが、仏教と聞いて頭に浮かぶ言葉は「因果応報」です。良いことをすれば良い報いがあり、悪いことをすれば悪い報いがある。原因があれば結果がある、という仏教の根本原理ですね。

そして、「自業自得」は、「因果応報」の答えのようなところがあります。悪いことをした結果は自分の身に降りかかり、それごらん、言わんこっちゃない、ということになります。撃った弾が地球を一周して、後ろから自分の背中に当たるという理屈ですね。

実に当たり前の論理なのですが、人間は案外、結果を考えずに行動し、原因ばかりを作ってしまうものです。

僕は毎週、週刊誌を何冊か読みます。そこには「因果応報」「自業自得」の実例が、スキャンダル記事となって満載されているからです。仏教書は難しくて面倒くさいので、僕は仏教を知るために、**いちばん手近にある週刊誌という名の「仏教書」を愛読**

しています。これほど仏教の本質を分かりやすく語っているものは、文学作品は別として他にありません。いつでも、われわれの日常のなかから仏教を学ぶことができるのです。

先に挙げた言葉によく似た言葉で、「自縄自縛」「身からでた錆」という言葉もあります。他にも、「四苦八苦」「地獄で仏」「地獄の沙汰も金次第」など、日本のことわざのなかには、仏教用語がたくさん出てきます。

週刊誌とことわざ慣用句辞典の二つがあれば、あなたも仏教のプロフェッショナルになれるかもしれませんよ。

**ジュピター** | 1996年
〈アクリル・布／116.6×91.0㎝／作家蔵（横尾忠則現代美術館寄託）〉

菩薩の頭と女性の裸体が合体。タイトルの「ジュピター」は、画中の木星やアマデウス・モーツァルトの交響曲第41番（K.551）を指すだけでなく、ローマ神話の最高神も仄（ほの）めかしている。ヨコオワールドは、聖も俗も時空も超えていく。

# Ⅶ 自分について

## 休みが一年あったら何をしますか？
## やりたいことがたくさんあったはずなのですが、最近、思いつきません。

そうですね。計画を立てて、何かテーマを持って絵を描きますかね。あるいはアトリエを離れて、環境の異なる土地（たとえばどこかの国の海岸とか）で絵を描いてみたいですね。カメラとスケッチブックを持って、足の向くまま気の向くままに歩いてみたり、ときには自転車を借りて知らない街へ足を延ばしたり、レストランに入ってその土地の料理を食べたり、言葉の不自由は仕方ないけど、スケッチを描いて会話したりするのも愉しいんじゃないでしょうか。

一年も日本を離れたことはないですが、その昔、まだ三十代の初めの頃に、ニューヨークを一人旅したことがあります。朝から夜遅くまでマンハッタンを歩きまわって、画廊や美術館に入って絵を見たり、ディスコで踊ったり、ライブハウスに行ったり、レコードショップを覗いたり、ヒッピーグッズや古着などの買い物をしたり、随分たくさん映画を観たり、毎日とにかく何かを体験していました。ただ残念だったのはカメラがなかったことと、スケッチを一枚も描かなかったことですが、身体を通して自分のなかにいろいろなことを記録しました。知人の日本人に会うこともありましたが、ほとんどの日は、一日中人と話すことはなく、その分、五感をフル稼働させて感覚的にいろんなものを吸収したように思います。

だけど、これが一年となると、旅ではなくその土地の生活者になりますから、地元の人たちとの交流も増えていくでしょう。ニューヨークやロンドン、ローマ、パリなどの大都市も良いですが、地方都市を転々と移動しながら生活するのも愉しそうです。

僕はニューヨークに約四ヵ月滞在しましたが、最後の一ヵ月は妻を呼んでの海外生活になりました。一人旅が良いのか家族と一緒の旅が良いのか、旅の目的によって変わるでしょう。

長期の休暇が取れるなら、やはり海外旅行が良いと思います。このときの体験と記憶は、その後の人生にかけがえのない利益をもたらすと思います。僕はそんなに多くの海外旅行をしていませんが、それでもスペインを車でまわったり、インドやネパールに何度も行ったり、イースター島やタヒチ、サモア、バリといった南国の島々を巡る旅をしてきました。半分仕事を兼ねた旅先には、パリ、ローマ、ミラノ、ロンドン、ロスアンジェルス、エジプトなどがあります。まだまだ行ってみたい国はたくさんありますが、もうこの歳になると国内旅行も厳しくなりました。

**旅をすると、意識は外に向かい自分から離れていくように思えますが、実際には、旅先では常に自己と対話を続けています。**だから僕は、旅は自己への回帰ではないかと思っています。映画や演劇を観たり、小説を読んだりするのも一つの旅かもしれませんが、これらは肉体を移動させない旅です。やはり、肉体を移動させるほうが観念から離れやすく、知らず知らず感性が研ぎ澄まされ、未知の事柄を吸収しやすいんじゃないでしょうか。

旅によって日常からいったん離脱して、自分を俯瞰すると、ふだんの生活では一面的にしかとらえられなかった自分が、まるでキュビズムの絵画のように三次元的、立体的にとらえられるようになる。未知の自分を知って、思わぬ自己発見をするかもしれません。

旅は、人生という名の旅のシミュレーションです。その後の人生を、旅するように生きられるかもしれませんよ。

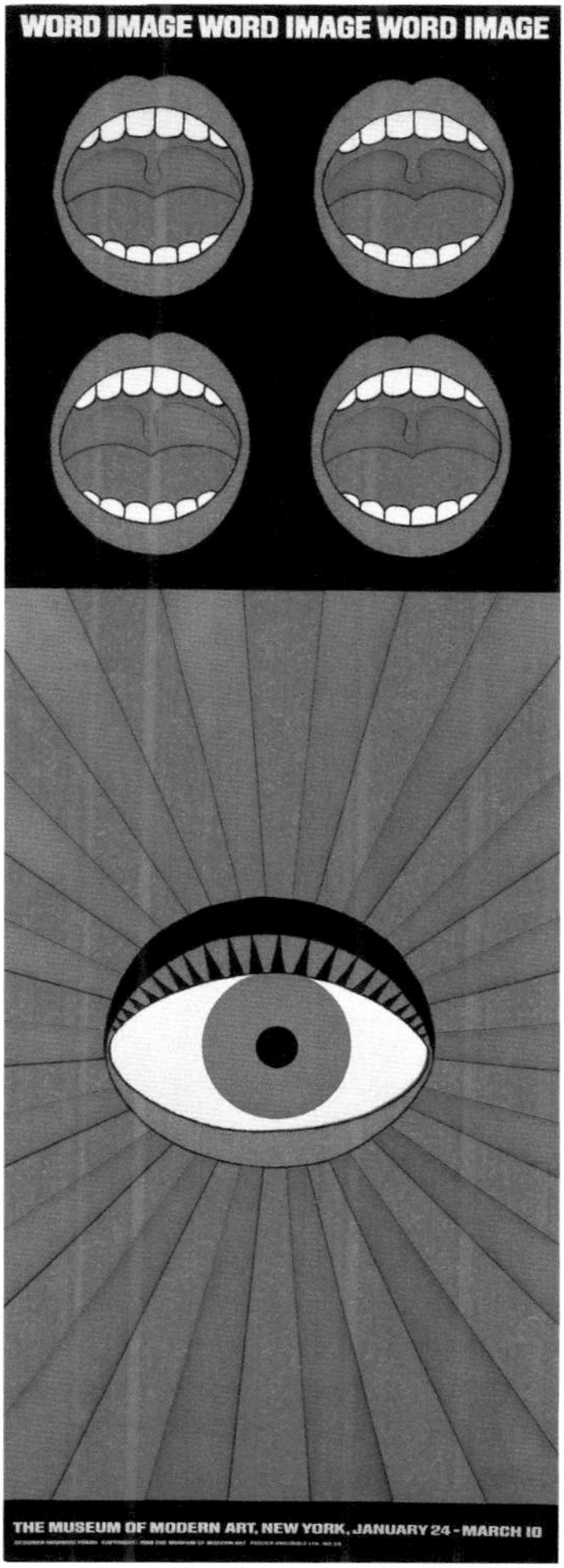


**WORD AND IMAGE（ニューヨーク近代美術館）** | 1968年
〈シルクスクリーン・紙／123.7×43.7㎝〉

1967年9月から約4ヵ月間、ニューヨークに滞在した横尾さん。この作品は、滞在中に行われたコンペで勝ち取った、MoMAの展覧会「WORD AND IMAGE」のポスター。当時のニューヨークはサイケデリック・ムーブメントの真っ只中。蛍光色をふんだんに使った本作にもその影響が見られる。

## 人生を変えたいと思っています。そこで、海外一人旅を考えていますが、どの国へ行けばよいでしょうか？

人生を変えたいから旅に出る。しかも、海外へ一人旅に出たいというのは素晴らしいです。僕も若い頃はよく、言葉も通じないような国へ出かけたものです。

僕が、もっとも大きな影響を受けた国はインドでした。初めて行ったのは、僕が三十代の頃。最初はカメラマンの友人を誘って行ったので、一人旅ではなかったのですが、彼も僕も、もちろん自費で、行く場所もやることも決めず、帰りの飛行機代がなくなる前には日本に帰ろう、くらいの気持ちで行きました。そのときは二十日間ほどの滞在でしたが、その後、僕はインドに七回行くことになります。

インドでは、それまで自分が培ってきた常識や概念がまったく通用しません。粉々になって崩れてしまいます。自我や欲望や煩悩など、何かに執着した気持ちを持ったままでは、インドは受け入れてくれません。日本を捨てるぐらいの覚悟、今まで自分が学んだものをすべて無きものにするくらいの覚悟がなければ、インドに入っていくことはできないのです。

インドでは、見たものを何かに喩えようとしても、何に喩えたらいいか分からないという経験をします。今まで得た知識を総動員しても喩えようがない、分からないところに放り込まれるのです。今まで経験してきたことは、どれも当てはまりません。こんな世界が現実にあったのかと思うほど、強い衝撃を受けました。

そもそも、なぜインドに行ったのか。僕の場合、動機は二つありました。

一つは、三島由紀夫さんの影響です。彼はよく、「インドは、行ける人間と行けない人間がいる。その人のカルマ（業）が影響している。そして、インドに行くには、行っていい時期と、行ってはいけない時期がある」と話していました。その三島さんが、割腹をする三日前、電話で「君もそろそろインドに行ってもいい時期が来たね」と言うんです。まさかそれが、彼と交わす最後の会話になるとは思いもしませんでしたが、そのときにインドに行くことを決断しました。

もう一つの動機はビートルズです。当時、僕はビートルズを追いかけていて、新聞を読まなくても、テレビのニュースを見なくても、ビートルズを追いかけていれば生きていけるんだなんて考えていました。そのビートルズが、特にジョージ・ハリスンがインド思想に傾倒し、修行のためにインドを訪れていました。それがなんだか、カルマの話と一致してるように思えたのです。

一人旅は常に、危険と背中合わせです。そんなときは極度の孤独に襲われますが、こうした体験すべてが、あなたの魂の栄養となります。対話の相手は自分自身です。私のなかの私と四六時中向き合っています。文学作品を一冊読む以上に、自分のなかの文学と語り合うことができます。

人生において、変化はとても大事です。そして、旅は変化の連続です。溜まった水は汚れますが、流れる水は常にきれいです。変化とは水の流れです。水はどんな形にも馴染みますが、変化も同じです。固定したものは「死」ですが、変化は「生」なのです。

あなたは、人生を変えたいと書いていらっしゃいますが、そんなこと考えなくてもいいんです。知らず知らずのうちに変わっていきます。どの国がよいか？　それはどこでもいいです。あなたのなかに、何か動機となる出来事はなかったでしょうか？

**あなたが行きたい国があれば、そこが、あなたが行くべき国です。**

**Y＋T** | 1991年
〈油彩・布／313.0×610.0㎝／作家蔵（横尾忠則現代美術館寄託）〉

インドでは映画スターのブロマイドと同じように、ヒンズー教の神様の絵が売られている。そんな聖俗一体にインスピレーションを受けた横尾さんが、インドの映画看板画家、宗教画家と共作した、幅6メートルに及ぶ巨大な作品。3つのパートにそれぞれ描かれたY、＋（プラス）、Tは、十字架のイメージでもある。

## 悪夢ではありませんが、変な夢を見ることがあります。横尾さんは夢をどう解釈されていますか？

僕は、一九七〇年から今日まで、毎日見た夢を夢日記として記録しています。それは、一九六七年にニューヨークから帰国後、頻繁に見るようになった夢のせいです。その夢は七年間ほぼ毎日続きました。夢の内容は毎回違うものでしたが、決まってＵＦＯが登場しました。

最初の頃は、空を飛んでいるＵＦＯを見ているだけでした。それが次第に、ＵＦＯが地上に降りてきて、搭乗していた宇宙人が機体から出てきたり、その宇宙人が僕にテレパシーを送ってきたり、またあるときには、僕をＵＦＯに乗せて地球外惑星に連れて行ったりしたのです。

僕のところにやってくる宇宙人は、ヒューマノイド型で地球人とそっくりでした。美しい顔立ちで背が高く、どちらかというと北欧系の人に近い姿です。テレビでよく見るような、目のギョロッと大きい、サイボーグ型をしたグレーの宇宙人ではありません。会話はないのですが、テレパシーによって僕の意識に直接メッセージを送り込んできました。現実で生きるために必要不可欠な要素を注入してくる感じです。

こんな夢を七年間毎日見ていたので、僕の考えも変わらざるを得ませんでした。今、自分の考えていることが、自分自身で考えたことなのか、彼らの考えなのか分からなくなり、最終的には思考が一体化してしまったような気持ちになりました。

夢から覚めたときは、まさにＵＦＯから降りてきたような気分で、夢と現実が一体化しているような感じです。この頃は、毎晩寝るのが楽しみでした。「今日もまた、どこかに行ってくるよ」というような、ちょっとした旅行気分だったのです。

このように、僕にとって夢とは、現実と分離されたもう一つの現実です。顕在意識を昼間の意識とすると、夜の意識は無意識で、その無意識が語る現実を夢と考えています。

人間は、このノンフィクションとフィクションの二つが交差することで、思想が形成され、人生を豊かなものにしているような気がします。特に芸術家にとっては、夢の存在は大きいと思います。**僕の場合、描く絵は、顕在意識と潜在意識が融合したところに成立しています。**たぶん鑑賞する人も、自らの顕在意識と潜在意識をミックスして、自分だけの芸術世界をそこに見ているのではないでしょうか。

芸術は分からないとか、芸術には興味がないという知識人もいることはいます。こういう人は現実主義的な、どちらかというと物質信仰の人ではないでしょうか。目の前にあって触れられるものがすべてで、目に見えないものは現実ではないと考える人で、教養の高い人に意外とそういう人がいます。別に芸術がなくても生きていける、というような思考の人です。このような人でも夢は見ると思います。けれども、こういう人にとっては、夢は夢、現実は現実ですから、自分の生活や世界観のなかに夢を持ち込むことはないでしょう。

カール・グスタフ・ユングによれば、夢を記述したり人に話したりすることで、シンクロニシティ（共時性）が起こるといいます。夢は無意識の産物です。その無意識を記述することによって、そのビジョンは意識化、つまり顕在意識化されます。顕在意識化された無意識は、そう簡単に忘れることはありません。

このように、人間の意識の二つの側面を統合すると、シンクロニシティが起きやすくなります。たとえば、誰かのことをふと考えた途端に、その人から電話がかかってくるというようなことがありますが、これもシンクロニシティです。偶然が必然になり、何でもないことが、何でもあることに早変わりするのです。

シンクロニシティは、一種のテレパシー現象のようにも思えます。しかし、日頃からスマホに頼る生活をしている現代人は、スマホが何もかも解決してくれるので、人間が本来持っているテレパシーのような技術も能力も退化しており、そういう人には起こらない現象かもしれません。

古代の人たちは、夢を通して神のメッセージを受信していたといいます。こういうことは、現代でも稀にあるような気がします。鎌倉時代に活躍した高僧・明恵上人の夢には、頻繁に神仏が登場したといいます。そして彼らからのメッセージが、明恵上人の修行であり、悟りへの道だったのです。僕も夢のなかでしばしば超越的な存在に出逢ってきました。そのことによって何か具体的なことが起こったかどうかは不明ですが、悪い気持ちはしません。

まあ、シンクロニシティを起こしたいと思われる人がおられたら、夢日記を書いてみるのも愉しいですよ。

**夢日記――黄金の都市と悪魔** | 1978年
〈アクリル・布／14.2×18.0cm／横尾忠則現代美術館蔵〉

1976年1月30日の夢日記を、後年に絵画化したもの。兵庫県西脇市の実家近くに立つ照明塔からUFOが飛び出し、2人の宇宙人が出現。空間を泳ぐように漂っていたが、目の前の横尾さんに気づくと逃げるように消えてしまう。その瞬間、あたりは黄金色に塗りつぶされ、光り輝く別天地となった……という夢。

## 唯一無二のことを成したいと思っていますが、同時にありふれた平凡な日々も望んでいます。どうすれば非凡な存在になれますか？

唯一無二のことと、平凡な日々は矛盾しています。そしてさらに、非凡な存在を目指すのですか。何だか、この三つはバラバラじゃないでしょうか。

どうすれば非凡な存在になれるか？　唯一無二とか非凡な存在の人間は、「ありふれた平凡な日々」のなかからは生まれません。多少、変わり者的な性格が必要でしょう。ある意味で自我の強さも必要です。八方美人的な誰にでもいい顔をしたい、誰からも好かれたいという気持ちがあるなら、さっさと捨てることです。そして孤独を愛することです。

また、結果を考えて行動する人は無理です。結果を求めず目的も大義名分も持たず、やっていると面白い、面白いからやる、この遊びに似た精神が必要です。遊びという快楽を愛することができるかどうか、自分に問うてみてください。

非凡とは、言葉を換えれば創造的な生き方のことです。創造は一方で、破壊のエネルギーを所有しています。ありとあらゆる障害を破壊することで創造が生まれます。古い習慣や古い秩序を否定する力こそが創造です。創造なくして、唯一無二にも非凡な存在にもなれません。

人間は本来、創造するエネルギーを持っており、唯一無二にも非凡な存在にもなりうる可能性が、万人に平等に与えられています。その力を発揮するための敵は「恐れ」です。無手勝流、怖いものなしの人間こそ創造的です。だけど、生命ある者は皆、どこかで恐れています。**その恐れを、創造することの喜びとして吐き出せばいいのです。**

**腰巻お仙（劇団状況劇場）**｜1966年
〈シルクスクリーン・紙／103.2×72.2㎝〉

唐十郎主宰の「劇団状況劇場」のポスター。モダニズムに逆行する大衆的なモチーフと極彩色の強烈なイメージは唯一無二の存在感を放ち、横尾さんは一躍時代の寵児となった。MoMAでの世界ポスター展（1970年）で、1960年代を代表する作品に選出されている。

## 私は器用貧乏タイプで、何をやってもそこそこ、突き抜けることができません。そんな自分に物足りなさを感じています。

僕も昔から、器用貧乏なところがありました。絵でいうと、なんでもそこそこの絵は描けるのですが、「これ」という自分だけのものが描けないのです。だから不器用な人に憧れました。不器用な人は一つのことしかできないので、当然個性的に見えます。だけどプロにはなれないでしょうね。そこで考えました。じゃ、徹底的に器用になってやろうと。個性なんか必要ない。器用を売り物にしてやろうと。玄人はみんな器用です。もう、そこからは根性です。そして、この根性こそがプロ意識です。つまり器用貧乏を生かすことにしたのです。

ご質問のなかで「突き抜けることができない」と書かれていますが、そう簡単に突き抜けるのは無理です。**まず結果や目的を頭から外して、たった今やっていることを、やれるところまでやってください。**そのうち、自分のやるべきこと、得意なことに気づきます。突き抜けようという意識など持つ必要はありません。気がついたら自然に突き抜けているものです。それに「自分に物足りなさを感じる」ということは、今やっていることに夢中になれていないのかもしれませんよ。あれこれ目移りして、熱中できていないのかもしれません。早く答えを出そうとすると、今やっていることから気持ちが離れます。

いちばん大事なのは「今」です。今をおろそかにして、「先」のことを考えると不安になります。人間は、過去にも未来にも生きていません。「たった今」にしか生きていないのです。その生に夢中になってください。

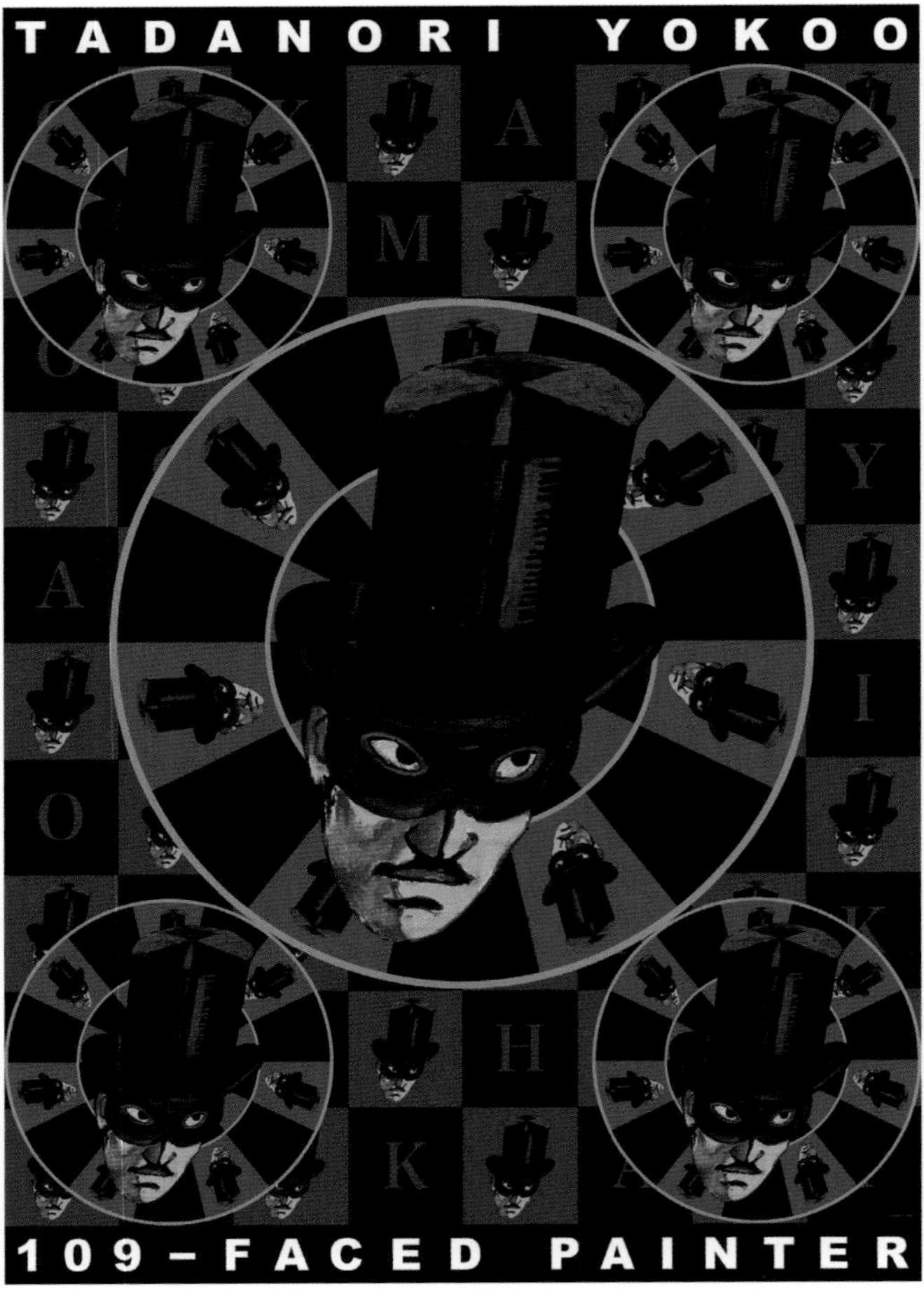


**横尾忠則展・絵人百九面相（岡山県立美術館、高知県立美術館）**｜2011年
〈オフセット・紙／103.0×72.8㎝〉

江戸川乱歩が生んだ美の盗賊「怪人二十面相」に変装した「絵人（かいじん）横尾忠則」。作風が定着しないことを自らの作風にしてしまった横尾さんらしい展覧会「横尾忠則展・絵人百九面相」のポスターだ。暗号のようなアルファベットが示すのは、開催地の岡山と高知。出品点数はもちろん109点。

## 私は瀬戸内海の島で生まれ育ちましたが、どうにも田舎が好きになれません。私はどこかおかしいのでしょうか？

瀬戸内海の島々は素晴らしいところですね。香川県の豊島《てしま》には、僕の作品を集めた小さな美術館「豊島横尾館」があります。周囲を海に囲まれた恵まれた環境で、できればたびたび遊びに行きたいと思っていますが、なかなか実現できません。

僕の郷里は兵庫県の山間部のふもと、今は西脇市という町ですが、加古川と杉原川という二つの大きな河川に挟まれていて、子どもの頃は毎日のように川で遊んでいました。こんな田舎に十八年ほど住み、その後、神戸の新聞社に勤め、二十三歳のときに上京。以来、六十三年が経ちました。ときどきふと、郷里に帰りたい、できれば神戸界隈に住みたいという望郷の念に駆られることがあります。僕も老齢になるにつれて、余生は生まれ故郷に近いところで、ゆっくり静かに過ごしたいと思うようになってきました。

しかし、僕の生活は東京を舞台に設定されています。自宅、アトリエ、事務所の三つの拠点を郷里に移すことは、スタッフや仕事のことを考えると、ほとんど不可能です。だから、今さら帰郷することはできません。いつの間にか、物が人の生活に深く関わり、僕の生活は、もう他には移せないほど東京で拡大してしまったのです。

年齢的には隠居したいところですが、僕はおそらく死の瞬間まで働くことになるでしょう。ですが、望郷の念はいつも頭の片隅にしまっておいて、いつでも引き出せるようにしています。

故郷のある人は、「いつでも帰ることができる」という気持ちをどこかに持っているので、一つの場所にいても、実は心のなかで二ヵ所を往復しています。

さて、田舎暮らしに憧れる方には、二種類の方がいらっしゃるのではないでしょうか。一つは、故郷へのノスタルジーを持っている方、もう一つは、田舎に故郷がない方です。後者は特に、田畑や野山などの自然に囲まれた、いわゆる田舎風景のなかでの生活に憧れているように思います。

僕も、子どもの頃は田舎に暮らしていましたが、その頃は田舎が嫌いで、チャンスがあればいつでも都会に出たいと思っていました。でも老齢になると、空気のよい自然に囲まれた生活に憧れが生まれます。でもそれは、あくまでも空想としての田舎です。実際には、僕には田舎生活は耐えられないと思います。なので、**絵に描いた田舎の風景を、都会のビルの屋上で味わうのも風流でいいんじゃないかと思っています。**

もちろん、生まれ故郷を一度も離れずに、そこで骨を埋めるという方もいらっしゃるはずです。遠いところにはなるべく出かけず、自分の生まれた土地で採れたものを食べ、ゆったりとした時間を楽しみながら生きる生活。ヨーロッパでは、このように生涯田舎生活を楽しんで、満足する人もいるようです。

田舎への考え方は人それぞれです。どうぞ、ご自分の気分で決めてください。

**1945年、夏** | 1996年
〈アクリル・布／227.3×181.8㎝／作家蔵（広島市現代美術館寄託）〉

一寸法師の「お椀の舟」と「箸の櫂」が、川でコブナ捕りに熱中する横尾少年の姿に重なる。空にはキノコ雲。1945年の夏の出来事、そして終戦後に起こる大きな変化を、9歳の横尾さんはまだ知らない。

## 好きな本は何かとよく訊かれるのですが、うまく答えられません。これまでの人生で、心揺さぶられる小説に出会ったことはありますか？

子どもの頃から、読書にはほとんど関心がなかったですね。ただ中学のときは、江戸川乱歩と南洋一郎の本に興味がありました。しかし小説に興味があったのではなく、挿絵に興味があったのです。「少年」（光文社）という雑誌に連載されていた江戸川乱歩の「青銅の魔人」「虎の牙」という小説の挿絵が山川惣治で、その挿絵に触発されて読んだのが生まれて初めての小説でした。それまでは一冊も読んでいなかった。この二冊は、少年向けに書かれた「怪人二十面相」物の推理小説でした。でも、連載が終わるのと同時に乱歩物も読まなくなりました。

その他で読んだのは、南洋一郎の「バルーバの冒険」シリーズで、これは五冊出版されたところで出版社が倒産し、最終巻はとうとう出版されなかったのです。この小説を読むきっかけも、やはり挿絵画家の鈴木御水でした。

十代で読んだ小説は、江戸川乱歩二冊、南洋一郎五冊がすべてです。その後、社会人になっても小説はほとんど読まなかったのですが、二十一歳で結婚したとき、妻が会社から借りてきた『金閣寺』（三島由紀夫）が部屋にあったので、恐る恐る手にしました。挿絵のない活字だけの本で、読めない漢字の羅列に、結局、食指が動きませんでした。

どうして読書に興味が湧かないのか、その理由はよく分かりません。物心ついたときから絵ばかり描いていたので、絵と暗黙のうちに語り合っていたのかなと思いますが、それもよく分かりません。とにかく活字恐怖症みたいなところがあったように思います。

まず養父母が、僕が幼い頃すでに老人だったこと、またこの二人は尋常小学校しか出ていない無学の徒で、わが家には本が一冊もなかった。そんな環境に育ったため本とはまったく縁のない生活で、まあ本といえば教科書ぐらい。もちろん教科書が面白いはずはありません。

とにかく一年中絵を描くか、小川に魚を捕りに行く生活を、中学に上がるまで繰り返していました。本は、さっきの二人の小説家の本だけです。これだって文章を読むより挿絵を眺める時間のほうが長く、親が一度も「勉強しろ」と言わないのをいいことに、ほんとうに絵ばかり描いていたのです。勉強は教室で教わるのがすべてで、塾などこの時代にはありません。中学卒業後は、高校に進学するより社会人になる子どものほうが多いくらいで、僕も中学卒業後は町の小さな商社に入るつもりで、面接を受けて就職も内定していました。勉強や本とは、ほぼ無縁の小・中学生時代でした。絵は好きだったけれど、これも生業《なりわい》にしようなんて考えたことはありません。絵はあくまでも趣味です。なので、画集を見るようなこともありませんでした。

今考えると、僕は本を読むよりもぼやっとしていた時間のほうがはるかに多く、この「ぼやっ」があったからこそ、今の僕が形成されたのだと思います。**本を読んでいたら、今の僕にはなっていなかったでしょう。**

だからご質問の心を揺さぶられた小説といえば、十代の頃に読んだ江戸川乱歩と南洋一郎ということになりますかね。

**6月27日の子宮内での出来事**｜1995年

〈油彩・布／227.3×182.0㎝／作家蔵（横尾忠則現代美術館寄託）〉

山川惣治の「少年王者」、江戸川乱歩の「新宝島」、ジュール・ヴェルヌの「海底二万里」。本作には、横尾少年が夢中になった物語の挿絵が引用されている。中央付近に浮かぶ横顔はヘレン・ケラーで、横尾さんと同じ6月27日生まれだ。

## 私は打算的で冷たい人間です。自分に利益がありそうかどうかで、人を判断してきました。今からでも、ほんとうの友人やパートナーを作ることはできるでしょうか？

あなたは完璧な人間を目指そうとしていらっしゃいませんか？

完璧な人間など、この世にはいません。人間ならば誰しも、何らかの欲望や執着があります。

打算的で冷たい部分なんて、誰だって持っているはずです。そして、そのことに気が付いていない人間が大半で、無意識に生きてしまっているものです。

でもあなたは、そんな自分の嫌な部分に気付いており、そのことを嫌だと感じている。ならば、やめればいいだけです。自分にとって気持ちの悪いことを続ける人はいないんじゃないでしょうか。**あなたは自分を客観的に見る能力があります。**ここまで自己を客観的に見る能力があれば大丈夫です。

旧約聖書のなかに、「自分が嫌いなことを、他人にしてはならない」と書いてあります。そのとおりだと思います。相手の人間も、自分の一部だということかもしれませんね。でも、こうした失敗は日常茶飯事、自分も気付かずにやっているのではという気がするので、耳が痛いですね。

**赤い無意識** | 1986年

〈油彩・布／227.0×145.0㎝／横尾忠則現代美術館蔵〉

空には満月、絡みつくような緑の木々、地から湧き上がる赤い炎、渦巻く水のような青い線に血の色を帯びたサメ。そんな天変地異に巻き込まれた3人のスーツ姿の男性。不吉を予感させる謎に満ちた作品である。「赤い無意識」とは誰の無意識なのだろう。

## 自分の人生は、暇つぶしに過ぎなかったのではないかという思いが、最近ふつふつと湧いてきます。どう考えたらよいでしょうか？

おっしゃるとおり、人生は暇つぶしに過ぎません。一種の悟りを得られたのではないでしょうか。

暇つぶしだとしても、ガツガツした生き方が充実した生き方といえるでしょうか。欲望と執着に振り回された生き方をしている人が、なんと多いことでしょう。忙しさに振り回された生き方ではなく、ときには仕事や煩わしいことから離れて、何もしない無為な時間を過ごすことが必要です。何もしない無為な生き方こそ、自分を見つめる生き方です。

与えられている時間のすべてを、仕事や対人関係、情報や思考を巡らせることで塗りつぶす生き方が今日的な生き方というなら、情報の少なかった子ども時代がどんなに素晴らしかったか、思い出してください。

僕は何もしない、何も考えない無為な時間を一日のうちにたっぷり取っています。これは昔からです。そして、そんな豊潤な時間こそ、人生の宝だと思っています。

今の子どもは、残念ながらスマホに振り回され、自分の時間のすべてを情報でベタベタに塗りつぶしています。そしてスマホを取り上げると、まるで世界が終わったかのような顔をします。

僕のように人生の晩年を迎えると、かつて暇つぶしで遊んでいた頃が懐かしく思い出されます。今の人たちは「遊び」を知りません。遊びといえば、ゴルフやカラオケ、麻雀や飲み会のような遊びを連想するかもしれませんが、僕のいう遊びとは、クリエイトのことです。どんな仕事にもクリエイトが必要です。そのクリエイトのなかに遊びがあるのです。

人間は、生まれながらにクリエイトできる知恵を持っています。**人生をクリエイトするということは、人生を上手に遊んだということです。**

人間は、創造する宿命と運命のもとに生まれています。遊ぶために生まれてきたのです。このことを分かっている人間だけがクリエイターといえるのです。

**バーゴとミンネ** | 2001年

〈アクリル・布／60.7×50.1㎝／作家蔵（横尾忠則現代美術館寄託）〉

自分のペースで食べて眠って、遊ぶように生きている愛猫たちを描いた作品。横尾さんにとって猫は芸術家のお手本なのだ。バーゴ（画面右）とミンネは、タマ（p.67）の前に横尾家にいた猫たち。1999年8月、相次いで旅立ってからも、横尾さんの絵の中で何度も蘇っている。

# Ⅷ　運命について

## 新聞に「運命を感じたことはありますか？」というアンケート記事が出ていました。人生は運命次第なのでしょうか？

面白いアンケートですね。その記事は僕も読みました。運命を感じたことのある「はい」の回答者が56％、「いいえ」の回答者は44％でしたよね。さらに、「はい」と回答した人のなかで、運命を感じたことについて多かった答えは、恋人や配偶者との出会い、就職、友人との出会い、病気でした。それに対して、「いいえ」と答えた人の理由は、運命を意識したことがない、非科学的、運命は存在しない、意志や努力の力を信じる、という意見が多かったと思います。そして、「はい」「いいえ」と回答した全員を対象にした「人生を左右するものは？」という問いに対して、全体の72％が「努力」と答えていました。「運命」と答えた人は28％と、かなり少なかったのです。

運命を感じたことのある人が半数以上いたのに、それでも七割以上の人が、人生を左右するものは努力だと答えた。興味深い結果ですね。

これは、学校教育の影響ではないでしょうか。学校では、耳にタコができるほど、努力を押し付けられました。僕はそれが嫌でした。学校は、すべての学科に万能な生徒を求めます。そんな学校のカリキュラムの犠牲になる必要はないのです。誰でも、一つは好きなものがあります。僕は絵が好きでした。スポーツの好きな人、音楽の好きな人、なかには僕の苦手な数学が好きな人もいるでしょう。自分が好きなものは、放っておいても努力します。それで十分です。

僕は、好きなものこそ運命が与えた才能だと思っています。だから、結論を申しますと、僕は運命を信じている運命派です。

僕は、子どもの頃から、あまり野心や野望を抱くことのない人間でした。絵は好きでしたが、職業にしようなどと考えたことはなく、勉強嫌いだったので、努力しなくてもよさそうな郵便配達員になりたいと思っていました。あまり主体性もなく、人の主体性に従うことが、まあ、いわば僕の主体性だったわけです。

ひとつ例を挙げましょう。僕は、高校卒業と同時に郵便局で働く夢を持っていたのですが、学校の校長先生や担任の先生が、何としても東京の美術大学に入れようとしました。僕は、どうせ落ちるんだから受験ぐらいしてもいいかと思い、先生たちの言うとおりに受験の準備を始めました。ちょうどその頃、高校で絵を教えてくれていた先生が東京に帰っていたので、しばらく、その先生のアパートに下宿しながらデッサンの勉強をしていました。

いよいよ明日が受験という日の夜、突然、先生が、「明日の受験はやめて帰郷しなさい」と言いました。理由は、僕の両親が年老いて無職だったため、学費が払えないだろうという、先生なりの親心だったのです。

僕は、「はい、分かりました」と返事をし、翌日、東京駅で先生に見送られて帰郷しました。これで、大学受験はお流れです。

帰郷したものの、就職の時機を逸してしまい、郵政研究所へ入る時期も終わっていたので郵便局にも入ることが叶いませんでした。そのとき、たまたま郷里の織物祭のポスターの公募を見つけ、出品したところ一等に入賞し、その情報を新聞で知った加古川市の印刷所から、「うちに来てくれ」と速達が届きました。行ってみると、その場で採用されたのですが、そこは十ヵ月も経たないうちにクビになってしまいます。印刷物の納品配達中に雨に降られ、当時の金額で八万円の損失を出してしまい、即日解雇となりました。

その後、特にやることもなく、神戸新聞にカットを投稿して時間つぶしをしながらブラブラしていた頃、投稿常連者五名でグループを作らないかと誘われました。そして、これは前にも書きましたが、神戸・元町の喫茶店で小さなグループ展を開催したところ、たまたま通りがかった神戸新聞の図案部の人の目に留まり、思いもよらず、神戸新聞の宣伝技術研究室に入ることになったのです。

美術大学を断念させられたこと、印刷所を解雇されたこと、投稿仲間に加えられたこと、神戸新聞社にスカウトされたこと、まるで予期していなかった出来事が次々に起こり、そのすべてに抵抗せずに従った結果、まさかのまさか、絵やデザインを職業とすることになったというわけです。

そしてその後も、偶然のような出来事の連続によって、今日、画家という職業を与えられています。**自分の意志とは無関係に、そのときどきの出会いにすべて従った結果で、これは運命以外の言葉で説明することはできません。**

ですから、あのときこうすればよかったというような後悔も反省もまったくありません。大袈裟にいえば、神が私に与えてくれた生き方であったと思っています。

運命に逆らって己で道を開拓するか、それとも偶然の成り行きにまかせるか、どちらの道を選ぶかはその人の自由ですが、あなたはどちらのタイプですか？

人生の行方は、どうせ運命によって決まっているのなら、運命のいうままにしたほうが、余計な努力や心配をせずにすむ。僕は、そのほうが便利でいいんじゃないかと考えています。

**岩と水** | 1954年

〈油彩・布／55.3×71.6㎝／作家蔵（横尾忠則現代美術館寄託）〉

美術教師の影響で油彩画を描き始めた18歳のときの作品。この頃、同一モチーフの水彩画を第50回太平洋画会展（東京都美術館）に出品し、会友に推挙されたが、高校生であるという理由で教師が断っていたという。「岩と水」シリーズは、他の美術展でも入賞を重ねた。

## 先日、占い師から聞きたくない未来を聞かされました。どうすればよいでしょう？

僕は、わざわざ人に見てもらわなくても、自分で自分を占うことができます。実は、誰でも占うことができます。「あぁ、あなたは残念ながら死にます」なんて言われたら、言われた人はびっくりするかもしれませんが、絶対に外れませんよね。百パーセント当たりです。

僕が三十五歳のとき、頼んでもいないのに勝手に占ってくる人がいました。東京と京都と奈良にいた素人占い師が三人、それぞれ知り合いでもなんでもない人たちが、ほとんど同時期に、なぜか僕の寿命について占ってきました。そして気味が悪いことに、その三人が口を揃えて、僕の寿命は五十歳で終わると言ってきたのです。

五十歳まで、そのときで残り十五年。四十歳になったら、あと十年。四十五歳になったら、あと五年。最期だと言われた日がだんだん近づいてくるのです。その当時、僕は世界中の美術館から展覧会のオファーがわんさか舞い込んでくるような、デザイナーとしての絶頂期でした。だからこそ余計に、我が世の春が、五十という年齢を迎えると同時にパッと散ってしまうような気がして、毎日そのことが頭から離れないぐらい恐怖だったのです。

でも、そんな恐怖をすっかり忘れてしまうほどの衝撃的なことが起こります。それは、僕が四十四歳のとき、ＭｏＭＡ（ニューヨーク近代美術館）でピカソの展覧会を観ているときのことでした。突然、頭をガーンと強く打ち付けられたような衝撃が走り、「僕は今すぐデザイナーを辞めて、画家にならなくてはいけない！　次は絵画だ！」というメッセージを受け取ったのです。

その後、夢中になって絵画と向き合っているうちに、ハッと気がついたら、あっという間に五十五歳になっていました。振り返ると、もう十年も経っていて、寿命だと言われていた年齢をとっくに過ぎていたのです。

画家に転向していなければ、もしかしたら五十歳のときに心筋梗塞か何かで死んでいたかもしれません。そうなっていてもおかしくないほど、僕は強く恐れていました。でも、**そこから絵に夢中になって、死の恐怖を忘れていたから生き延びることができた。**

だから、占いなんかにとらわれず、自分の運命や宿命と向き合うことのほうが大切なのだと思います。

ONLY IN DESPERATION IS TRUE ART ACHIEVED

**20年目のピカソ** | 2001年

〈油彩、コラージュ・布／227.3×181.8cm／東京都現代美術館蔵〉

画家転向から20年後に描かれた作品。左上のピカソの自画像は、転身のきっかけとなったピカソ展の展覧会図録の表紙から。背景は華厳滝。横尾さんが「滝」を描き始めたのは夢の啓示だった。芸術（家）には霊感が必要なのだ。ちなみに、倒立した子どもたちは聖画からの引用で、《運命》（p.19）にも登場している。

## 最先端の科学をもってしても、いまだに見つかっていませんが、宇宙には誰かいると思われますか？

この広大無辺な宇宙には、信じられないほどの星があります。そのなかの一つが地球です。その地球に、人類をはじめ多様な生き物がいます。この大宇宙に、生物が存在するのは地球だけという考えを持つ人がいるとすれば、その人は神を冒瀆《ぼうとく》しているといえます。

最先端の科学といっても、この広い宇宙のほんのわずかしか解明できていません。もしかしたら他の惑星にも生命体が存在するかも、という仮定で、電波を送信したりしていますが、今なお芳《かんば》しいメッセージを受信していません。しかし、だからといって、電波の届く範囲の惑星には知的生命体はいないと結論づけるのは間違っています。地球に棲む人類という生命体などは、他の星の生命体とは比較にならないほど知性が劣っているし、遅れていると考えるべきです。

**もっともっと進化した文明を持つ星が山ほどあるはずです。**その証拠に、地球外惑星からたくさんの飛行物体（ＵＦＯ）が飛来していますが、その科学技術は地球のそれをはるかに凌駕していると考えられます。地球の科学が最先端と考え、それをもってしても解明できないものは存在しないと考えるのは、間違った発想だと思います。

そもそも地球のことも謎だらけで、よく分かっていません。にもかかわらず、現在の科学は地球を三次元的物質ととらえ、それ以上、地球のことを解明しようとしていません。秘密や謎に満ちた地球をほんとうに解明するためには、四次元的な考え方を導入する必要があるのではないでしょうか。

人間についても、物質で構成されているので三次元的存在ということになっていますが、果たしてほんとうでしょうか。人間は本来、肉体と精神だけではなく、霊体によっても構成されているはずです。だから、人間が死ぬと、ときには幽霊になって出現することがあります。ホラーや文学だけの話ではないのです。人間の本体は霊であると主張する学者もいます。死後の世界を研究している科学者もたくさんいます。人間を物質と考える人にとっては、霊も死後生もありえません。今は、こうした唯物論的な考え方が主流ですが、僕はこれが否定される時代が意外と早く訪れるように思っています。

さて、人間は、肉体、精神、霊体から成るとする考え方を地球に応用してみるとどうでしょう。そうすると、地球は三次元的な物質ではなく、自己調節機能をもつ一つの生命体とする考え方のほうが、僕にはしっくりときます。これはガイア理論というそうです。

**愛の三美神（宇宙界・霊界・現界）** ｜1994年
〈アクリル・布／227.2×182.3㎝／作家蔵（横尾忠則現代美術館寄託）〉

横尾さんと3つの世界を繋ぐ3人の女性たち。青白い皮膚の人物は宇宙界の、黄緑に発光する人物は霊界の、そしてベリーダンスを踊る女性は現界の女神である。西洋絵画ではお馴染みの主題「三美神」が、横尾さんのミューズたちに変換されている。短剣を手に次元を超えた穴に飛び込んでいくのは横尾さん自身だろうか。

## 私は運命のようなものに、まだ出会えてない気がします。運命はそのうち自然と訪れるものなのでしょうか？

運命は、ある日突然やってくることがあります。僕のこれまでの人生でも、何度も運命の分かれ道があり、そのたびに、僕はまったく逆らうことなく運命に従って今日までやってきました。そのなかでも最大のものが、前にも書きましたが、グラフィックデザイナーとしての絶頂期に、啓示でも受けたようになり、何も分からない画家に転向したことです。

それは一九八〇年、死期の予言をされて怯えながら生きていた、四十四歳のときでした。

僕は、ＭｏＭＡにピカソ展を観に行き、そのときに僕の人生にとって決定的だったと思える運命の分かれ道に出会いました。このときのことは、僕も雑誌や新聞のインタビューに、「ピカソの絵に衝撃を受けて、これからはグラフィックデザイナーではなく、画家として絵画制作に専念する」と説明しましたし、メディアでも「画家宣言」と報道されたので、ご存じの方もいるかもしれません。しかし、ピカソの絵に衝撃を受けて画家に転向することを決めたというのは、実は事実と少し違いました。

ピカソ展へ行こうと誘ってくれたのは、のちに多摩大学の学長になる野田一夫さんでした。僕はどうしてもピカソを観たかったわけではなく、少し暇をしていたことと、かつて自分の個展をしたことがあるＭｏＭＡでの開催という点に親近感を覚え、じゃあ行ってみようかなと気軽に足を運んだのです。

今世紀最大のピカソ展と謳われた展覧会には、多くの人が押し寄せて中はギュウギュウでした。前の人が移動しなければ、自分たちも前に進めない状態です。僕たちはピカソの作品を観ながら、人の波に押されて、他のお客さんたちと同じように前に進んで行きました。

僕が天啓のような衝撃を受けたのは、そんなすし詰め状態の会場に入って十分もしないうちでした。落雷に打たれたような、まさに言葉にできない衝撃が走り、突然、「グラフィックデザインは終わった！　次は絵画だ！」と、一瞬で僕のなかからグラフィックデザインが追放され、絵画に向かわなければならないという強い衝動が巻き起こったのです。言ってみれば洗脳、マインドコントロールされたような状態でした。

これらは僕の内面で起こったことで、顔色が変わったわけでも、倒れたわけでもなく、第三者から見れば何の変化もありません。二時間ほどで会場を出たのですが、僕には展覧会の前と後とでは、豚で入ってハムの缶詰で出てくるくらい様変わりしたような感じでした。

当時は、突然天啓のような衝撃を受けたなどと言っても、誰にも信用されないだろうと思い、ピカソの絵に衝撃を受けたと説明していました。しかし、実際はピカソの絵から刺激を受けたわけではなく、もしかしたらフィンセント・ファン・ゴッホでもポール・セザンヌでも、何でもよかったのかもしれません。ただ、運命の分かれ道がやってくる時期だったのだと思います。

僕は、絵画の道に進みたいなどとはまったく思っていませんでした。むしろ、やりたくないと思っていました。デザイナーとしてノリに乗っている時期で、海外の美術館からも個展のオファーがいくつも来ていました。その真っ只中の出来事です。そんなときに、デザインをやめて絵画に向かうよう、見えない力に突き動かされたのです。

でも、不思議と抵抗はありませんでした。悩みもしなければ、抵抗もしない。「あ、そうですか」という気分になり、そこからは無我夢中になって絵画に取り組んできました。

僕は、割といつも運命を受け入れる生き方をしてきましたが、その運命受け入れ人生の、もっとも凝縮した形が、ＭｏＭＡでの出来事でした。

誰でも皆、そういう出来事に出会うはずです。僕は、ほとんどすべての人間は、宿命が与えられ、運命に導かれて生きているのだと思います。生まれる日から死ぬ日まで、すべてプログラミングされていて、その間にたくさんの運命が待ち受けているのです。そのときどきで、「運命に従いますか？」「運命に抵抗しますか？」という選択肢を与えられて、受け入れたり反発したりしながら生きているのです。その**運命の分かれ道で、大抵の人は運命に抵抗して生きているように思います**。なぜなら、運命を受け入れるのは怖いことだからです。

でも僕は、自分にとっての大きな運命の分かれ道で、運命を受け入れたからこそ生き延びることができたと思っています。もしあのときに、運命に逆らってグラフィックデザインを続けていたら、今の僕はなかったはずです。それは、占い師の予言が当たって寿命が尽きていたはずということではありません。あの時期、僕は、自分がグラフィックデザインの頂点に立っているような気がしていました。しかし、頂点に立ったら、その先は下るしかありません。今振り返ると、あのとき得たと思っていた地位や名誉を維持するなんてことは、滅茶苦茶しんどいことで、僕にはとてもできなかったでしょう。だから、運命が強く作用して、まったく分からない、ゼロからのスタートになる絵画の道に進むよう僕を仕向けたのだと思います。

運命を受け入れるというのは、予測不能な未来に身を投じるということで、とても怖いことです。でも、僕はこの本を通して、人は皆、運命に導かれて生きていること、運命を受け入れることで開かれる人生があることを、お伝えできたのではないかと思っています。

しかし、そうしなさいとは言えません。自分の力で未来を切り開いていく人もいます。三島由紀夫さんや寺山修司さんは、運命に従うのではなく、自分の意志で思想を全うした人です。僕のように運命に従うタイプと、そうでないタイプの二通りの人間がいます。どちらを選ぶか、それを決定するのはあなた自身です。

**暗夜光路　赤い闇から**｜2001年
〈油彩・布／181.8×259.0㎝／東京都現代美術館蔵〉

横尾さんの代表的なシリーズ「Y字路」初期の作品。緑の木立の奥は闇。灯りを目指せば目の前には赤く染まった墓地。まるで青信号と赤信号のようだ。「生」を選べば行く先は見えないが、未知の世界が続いていくのだろう。

## あとがきのようなもの

（つづき）そのため、横尾忠則現代美術館のキュレーター・平林恵さんにも協力してもらいました。僕と一緒に相談を読んで、僕の回答も読んで、その内容に相応《ふさわ》しい作品を膨大な過去作のなかから選んでくれました。それこそ、僕が忘れているような作品までしっかり選んでくれています。平林さんも悩みを受け取り、流す作業をしてくれたわけです。

僕は、自分の外に出したもののことはすぐに忘れてしまいます。絵なんて一筆描くごとに忘れています。実はもうすでに、どんな人生相談があり、どんな回答をしたのかも忘れてしまっています。だからこそ僕は、精神的に健康でいられるのかもしれません。

ちょうど今（二〇二三年秋）、東京国立博物館で個展が始まりました。テーマは寒山拾得で、百二点を描き下ろしました。大きな展示を達成するとよく、「次の目標はなんですか？」といった質問を受けるのですが、目標なんて持ってしまったら、それこそ僕は、誰かに人生相談をしなければならなくなってしまいます。目標や目的を持った瞬間から、その人は縛られてしまう。つまり自由ではなくなるのです。目標や目的のために自由を犠牲にしてしまっては、悩みが増すばかりです。

では、それらを持たずに、どうやって大きな仕事を成し遂げてこられたのですかと問われると、それはやはり、運命を受け入れてきたからということに尽きるでしょう。ならば悩みはすべて、運命を受け入れることで解決するのかというと、そういうことでもないようなので、僕は無責任に、あれこれと回答しています。そのため本書には、全編にわたって無責任さが通底しています。富士山の麓を流れる伏流水のように無責任さが底に流れ、ときどきポコッと地表に姿をあらわしたものが文章になったという感じです。しかし、そんな無責任さの結果によって、悩みが流れ、浄化することができたとしたら、それは回答した甲斐があったというものです。

横尾忠則

二〇二三年一〇月

N.D.C. 914　221p　18cm
ISBN978-4-06-534093-6

講談社現代新書　2728

老《お》いと創造《そうぞう》　朦朧《モーロー》人生《じんせい》相談《そうだん》

二〇二三年一一月二〇日第一刷発行　二〇二四年七月二日第二刷発行

著者　横尾忠則《よこおただのり》　© Tadanori Yokoo 2023

発行者　森田浩章

発行所　株式会社講談社
東京都文京区音羽二丁目一二―二一　郵便番号一一二―八〇〇一

電話　〇三―五三九五―三五二一　編集（現代新書）
〇三―五三九五―四四一五　販売
〇三―五三九五―三六一五　業務

装幀者　中島英樹／中島デザイン

印刷所　株式会社ＫＰＳプロダクツ

製本所　株式会社国宝社

定価はカバーに表示してあります　Printed in Japan

## 「講談社現代新書」の刊行にあたって

教養は万人が身をもって養い創造すべきものであって、一部の専門家の占有物として、ただ一方的に人々の手もとに配布され伝達されうるものではありません。

しかし、不幸にしてわが国の現状では、教養の重要な養いとなるべき書物は、ほとんど講壇からの天下りや単なる解説に終始し、知識技術を真剣に希求する青少年・学生・一般民衆の根本的な疑問や興味は、けっして十分に答えられ、解きほぐされ、手引きされることがありません。万人の内奥から発した真正の教養への芽ばえが、こうして放置され、むなしく滅びさる運命にゆだねられているのです。

このことは、中・高校だけで教育をおわる人々の成長をはばんでいるだけでなく、大学に進んだり、インテリと目されたりする人々の精神力の健康さえもむしばみ、わが国の文化の実質をまことに脆弱なものにしています。単なる博識以上の根強い思索力・判断力、および確かな技術にささえられた教養を必要とする日本の将来にとって、これは真剣に憂慮されなければならない事態であるといわなければなりません。

わたしたちの「講談社現代新書」は、この事態の克服を意図して計画されたものです。これによってわたしたちは、講壇からの天下りでもなく、単なる解説書でもない、もっぱら万人の魂に生ずる初発的かつ根本的な問題をとらえ、掘り起こし、手引きし、しかも最新の知識への展望を万人に確立させる書物を、新しく世の中に送り出したいと念願しています。

わたしたちは、創業以来民衆を対象とする啓蒙の仕事に専心してきた講談社にとって、これこそもっともふさわしい課題であり、伝統ある出版社としての義務でもあると考えているのです。

一九六四年四月　野間省一